JN140752

衆生ほんらい仏なり

日野西光尊

春秋社

衆生ほんらい仏なり

目　次

み仏に導かれて……3

I

中宮寺のことども……9
世間虚仮　唯仏是真……14

II

衆生ほんらい仏なり……31
観音様のみ前にて……35
感謝の生活……38
み仏の慈悲につつまれて……49
みひかりに照らされて……58

真実の私……68
さらさらと流れる水……81
黙笑……90
許される道……94
こころを耕す……104
み仏に生かされて……108
自分自身を見つめる……120
愚者への願い……126
兄の死……130
元気に、本気に、力いっぱい……134
自分のものをつかむ……139
懺悔の心……143
私の仕合せ……154

Ⅲ

花と私……169
平安を願って――阪神淡路大震災によせて……174
心を育てる……180
今あることを大切に……188
いただいている尊厳ないのち……194
祈り――東日本大震災によせて……198
のぞみちゃんが教えてくれた母の愛、魂の歓び……201
感謝――わが半生を振り返って……204
おわりに 231

衆生ほんらい仏なり

み仏に導かれて

私の青春時代は、まさに戦中戦後の混乱期。東京から京都の祖母のもとへ疎開した女学校二年では、早速、学徒動員が始まり、農耕のお手伝いをし、三年になってからは、学校から三菱の軍事工場へ派遣され、そこで八月の終戦を迎えました。

そして世間の変革、荒波と共に私の家庭でも、その翌年の一月に、育ててくださった最愛の母（実母は三歳の時死亡）が、戦時中の過労から亡くなるという不幸に見まわれました。斜陽族であった私どもは、ただ広い家だけを抱えてどうすることも出来ず、長女の私は主婦の用事をしながら学校へ通ったこともありました。

勉強が好きでナイチンゲールに憧れて、女医になりたいという希望を持ちながらも、こうした家庭の事情で大学への進学は一時諦めざるを得ませんでした。

しかし子供が好きでしたので、近所の子供達を集めて兄妹と共に、日曜学校なども行なっておりましたが、縁あって親戚の幼稚園を手伝うことになり、東京へ出ました。

幼児教育を勉強し、無邪気な子供達に接していますと、私自身の心まで洗われ、また、「性格の基礎が出来上がる幼児期の教育の大切さ」に魅せられ、生き甲斐を感じ、すっかり没頭している間に、気が付いてみると、まる十年が経っておりました。

ちょうどその頃、京都の光照院門跡で、尼僧学校の校長を勤めておりました大叔母から出家の誘いがあり、その意義を諄々と説かれました。もともと信心深い祖母に、仏様の慈悲、人間として生かされている喜びを、知らず知らずの間に教えられていた私は、子煩悩の父母に温かく包まれ、また、親戚にも尼僧が多かったせいでしょうか、何のためらいもなく中宮寺へ入寺、その素晴らしい本尊様に包まれて生きる道を選んだのでした。

そして今、本当の幸せ、全ての束縛から心が解き放たれる道、自分のためでなく、少しでも人様の幸せを考えて生きて行けるこの道に、生かしていただいていることの不思議、喜び、幸せをかみしめております。

顧みますと、私の青春時代、そして入寺してからも決して順風満帆ではなく、いろいろな困難、苦しみも多くありましたが、本尊様のお守りはもとより、父の慈愛、恩師の励まし、教え、多くの友人の愛によって、どれだけささえられたことでしょうか。今もただ、有り難く思い出されます。

私自身の幼児期、小学校時代の温かい思い出、祖父母の愛、また、自由を旨とし「孟母三遷」ではありませんが、教育に心を砕いてくださった父、それによって、それぞれの学校で、学問ばかりではなく、自由な温かい雰囲気の中で、深い心の教え、そして素晴らしい恩師や友人をいただいたことは、いまさらながら、かけがえのない有り難いことだったと思うのです。

自然の流れ、時代の流れに身を任せながらも、その時、その事に喜びを感じ、生き甲斐を感じて没頭することが出来たことは、何よりも有り難く幸せなことだと思います。

人ごとに持てる心の玉こそは
よそに求めぬ宝なりけり　（叡運尊者）

I

中宮寺のことども

中宮寺の本尊、如意輪観世音菩薩は、寺内では太子様が御母后の穴穂部間人皇后《あなほべのはしひとこうごう》のお姿をお刻みになられたと申し伝えられており、元は豪華な宝冠や胸飾（瓔珞）、腕飾（腕釧・臂釧）、それに腹部の飾りまで荘厳され、美しい彩色像でした。それがいつの頃にか彩色が剝げ落ち、長年の間に、お香やお灯明の油煙によって、今の姿になられました。

中宮寺は鎌倉時代に何度か火災に遭い、その後、栄枯盛衰の理に違わず、無住にもなり、法隆寺より見回りをしてくださった時もあったようです。それゆえに古いものはほとんど残っておりませんが、皆様の祈りや願いのこめられた清らかで美しい本尊様と、天寿国曼荼羅繡帳のみが、ずっと中宮寺を見守ってくださっているのです。

消失して古文書もない今、ご本尊様のみが、その栄枯盛衰の体験を物語ってくださるのではないかと思うのです。

室町時代、伏見宮様より慈覚院宮様が天文年間にご入寺になり、この宮様の時に現在の地に移られ（一六〇〇年）、その後、伏見宮皇女、後西天皇内親王、有栖川宮皇女など六方が住職として、ご入寺されております。

前中宮寺の本堂は「観音堂」として元禄三午年（一六九〇年）六月吉祥日、後西天皇第五内親王、慈雲院宮尊秀高栄大比丘尼公による、ご建立でありました（棟札による）。

現在の本堂は、前本堂が木造で庫裏に接近しておりましたので、火災などの災禍をお憂えになった高松宮妃殿下のご発願で、昭和四十三年五月、耐震・耐火の本堂が建立されました。本尊様はじめ仏像は、奈良国立博物館館長石田茂作先生や光森先生などにより、旧本堂そのままにお移しくださり、お祀り申し上げております。旧本堂には、狭くて見えにくかったとは思いますが、観音様の両脇には如来様がお祀りされておりました。

宮様ご入寺の頃から、法相律宗として法隆寺北室院一源和尚様、叡弁和尚様のご訓導を仰ぎ、灌頂を受けておられます。また、明治頃よりは、真言宗泉涌寺派に属するなど、私どもは密教寺院として、その修行を高野山などでしてまいりました。毎朝のお勤めは、本尊様に入我我入、本尊様と一体にさせていただく密教の有り難い如意輪法を修しております。

「菩薩様が真ん中で、両脇に如来様がいらっしゃるのはおかしい」とおっしゃる方がいらっしゃいますが、顕教（浄土宗など）では、阿弥陀如来が中央で観音菩薩と勢至菩薩が両脇に祀られておりますので、そのように思われるのももっともなことですが、密教は即身成仏の教えであり、私どもは皆すべてが仏、すなわち大日如来であるとの教えです。如意輪観音様もまた、もちろん大日如来でもいらっしゃるわけです。

大日如来の四方には、阿閦、宝生、無量寿（阿弥陀）、不空成就の四仏がいらっしゃいます。私ども密教では別尊法で、例えば観音法（如意輪法）を修するときは、かならず中央の大日如来を観音菩薩と置き変えるか、または大日如来の心月輪の中に観音様を感じるのです。

また、儀軌のなかには、「観自在曼荼羅」があり、これは観音様を中台に、阿弥陀様がその周りの八葉に座っておられるものであり、深秘な意味を現すものであります。

それは「凡人即仏の儀を示す因位の観音菩薩が中台に座し、果位の阿弥陀仏が八葉に座されて、仏智剣をもって衆生、すなわち凡人に普門の万徳を開顕する義を表す」とされるものです。

私どもは完全円満な人間ではありません。それなればこそ、み仏の慈悲におすがりし、少しでもみ仏に近づきたい、み仏の心を心として生活させていただきたいと念じながらも、またしても同じことを繰り返す業の深い人間です。

親鸞聖人でさえも、「いづれの行もおよび難き身なれば、とても地獄は一定すみかぞかし」（『歎異抄』）とおっしゃっておられます。また道元禅師も、「大悟三回、中悟数回、小さな悟り数かぎりなし」というようなことをおっしゃっておられます。

そのことに救われ、少しは気が楽になります私、「ああ、そうだったのだ。本当に有り難い、嬉しい！」と、迷いの雲が晴れたと思っても、またしばらくすると、もとのもくあみの繰り返しの私です。本当に一生が修行だとつくづく思います。

本尊様のほほ笑みのお顔は美しい清らかな御心の表れであり、その慈愛に満ちた眼差しは、ご自身を見つめていらっしゃるお姿です。拝する私どもを温かく見守ってくださいます。

私どもも、まず自分自身を深く見つめ直し、人間とは何か、どこから来てどこへ帰るのか、人は自分一人で生きているのではない、生かされているのです。大自然の中に、

如意輪観世音菩薩

そして全ての方々によって支えられ、生かせていただいているのだということに気付かせていただく時、ただただ有り難く、このままみ仏に全てをおまかせして生きていきたいと思うのです。

世間虚仮　唯仏是真

はじめに

いまは本堂にお参りいただきましたが、中宮寺の天寿国曼荼羅繡帳《てんじゅこくまんだらしゅうちょう》は、もともとは大きなもので、その中に百個の亀甲があり、その亀甲型の一個には、銘文が四文字ずつ刺繡されて四百字ありました。そこには、いつも聖徳太子様がおっしゃっておられました「世間虚仮　唯仏是真」のお言葉がございます。本当に良いことをおっしゃっていただいて有り難いと思います。仏教の教えには「三法印」があります。それは「諸行無常」「諸法無我」「涅槃寂静」の三つを言いますが、「世間虚仮　唯仏是真」は、それと同じことであると私は思うのです。

世間虚仮――諸行無常・諸法無我

世間虚仮というのは、結局は諸行無常ということで、私たちが生きて生活していることの世の中は、実体のない仮の「空《くう》」の姿であり、常に変化しているのです。それを何か本当に存在しているかのように思うことから、苦しみが出来、腹が立つのです。つまり、この世間は諸法無我で、いかなる存在も、自分自身でさえも永遠不変の実体を有しないということです。

大きな岩でも、やがてはボロボロに朽ち果てます。先般、中国の仏教伝来の道を辿る旅に参加させていただきましたが、どこもイスラームとの戦いにより、イスラーム教徒によって仏様のお像が破壊され、また、目をくりぬかれたりしているのを拝んで、つくづくと諸行無常を観じて、本当に悲しい思いで帰ってまいりました。

この世の中はたえず流れ流れていると、よく申します。詩にも「年々歳々花相似たれども、歳々年々人同じからず」と詠まれています。毎年、木々や草花は同じように咲きますが、そこに住む人は毎年同じではなく移り変わっていくということです。

いつもご本尊様のお顔のことを申し上げるのですが、清らかで神々しい素晴らしいお顔のご本尊様を拝んでいただいたことと思いますが、あのお顔は本当に心に化粧されたときの清らかなお顔です。皆様はご自分の顔をご覧になったことがありますか。ご自分の顔を直接には誰も見たことがないと思います。「毎日、鏡で見ていますよ」とおっしゃるかもしれませんが、それは鏡に写した自分の顔で、すまして一番いい時の顔ではないでしょうか。そうではなく、怒っている時の顔、悲しんでいる時の顔は、自分では解らないと思います。

今現在、「顔学会」というのがあるらしいのです。中宮寺の信者さんで、「顔学」を一生懸命研究しておられる方がありまして、私に「人生相談をお受けなさる時、ちょっと顔を観て性格判断なさっておかれると良いと思いますよ」と言って、顔学の本をくださいました。簡単に申しますと、顔には一型から八型までありまして、一型は丸形、八型は楕円形で、その他に三角とか四角とか、また丸くても少し顎が張っているから一型の三とか、いろいろとあるようです。この顔学会のことは新聞にも載っていたことがありました。この方が、お寺で仕事をしていただいている方々のお顔を観て、性格などをおっしゃるのですが、それがピッタリとよく合うのです。そして、この方は電車に乗っていても、人様の顔を観ていたら少しも退屈しないとおっしゃいます。

いま諸行無常のことで申しているのですが、全然変わらないように思える顔形でも、変わるのです。それまで関係のなかった男女でも結婚されて仲の良いご夫婦になると、だんだん似ていらっしゃったりもします。二十歳くらいまでは純真な可愛い顔といってもよいでしょうが、「四十歳にもなれば、自分の顔は自分に責任がある」とは、アメリカの十六代リンカーン大統領がおっしゃったことばです。

キリスト教でも「赤子のような無心にならなければ、天国へは行けない」といわれます。赤ちゃんは本当に無垢な可愛い顔をしていますが、成長するにつれて、その人が何をしてきたか、何を見て、それをどうとらえ、どう考えたか、それによって顔の形や相が変わっていくのです。

私たちの眼・耳・鼻・舌・身・意の六識・六感で感じ取るわけです。同じものを見ていても、どう観るか。例えば、同じ田圃道を通っていても、「こんなに稲も実って本当に有り難い素晴らしい、秋風が吹いていい気持ち」と思いながら通る人もいれば、「今年の稲はちょっと不作で収入が減って損をするな」とか、損得勘定で考える人もいます。人それぞれによって心のあり方が違うわけです。それを六識・六感でどう捉えているかということで、仏教ではそれが、自己愛の根源の第七識・末那識を通って、人間存在の根底である第八識・阿頼耶識に貯め込まれていくといわれます。

西洋科学でも深層心理学といって、「例えば水に浮かんだ三角形の氷山の先だけが現在意識で、沈んでいる大部分が、表面には出ないが心を支配する心、すなわち深層心理である」といいますが、すでにお釈迦様はその昔に、六識・六感で得たものが、末那識を通って阿頼耶識に貯められていって、人格が形成されていくといっておられます。

何を思ってどう考えたかということで、人格が変わってゆき、顔の相も変わっていくというのです。ですから、現在の自分は過去の自分の集大成ということになります。顔なんてそう変わらないと思うのですけれど、そうではないのです。ですから顔は、自分はこんな人間ですよと見せびらかして歩いている看板のようなものだと思うのです。毎日、意識して何かをしている時だけではなく、無意識的な惰性で生活している時でも、それが末那識を通り阿頼耶識に貯め込まれていって、自分という人格が形成されていくのです。

この世間には実体のあるものは何もない、それを実体があると思うから腹が立つ、それが永遠だと思うから苦しいのです。私も気分が悪い時など、言わなくてもいい言葉をぱっと言ってしまうことがあります。すぐ後で悪かったと思うのですが、それこそ後の祭りです。それは、その時は思ってもいないことを言ってしまったということですが、じつは阿頼耶識に貯まっていたものが出たということでもあって、一度言ってしまったことは、悪かったと思っても、飲み込むわけにはいきません。

仏教には、してはいけない「十悪」があります。殺生《せっしょう》・偸盗《ちゅうとう》・邪淫《じゃいん》・妄語《もうご》・綺語《きご》・悪口《あっく》・両舌《りょうぜつ》・慳貪《けんどん》・瞋恚《しんに》・邪見《じゃけん》ですが、その中には、口・言葉のこと（口業）が四つも入っています。あとは、身体のこと（身業）が三つ、心のこと（意業）が三つです。

「口は禍いのもと」といいますが、それぞれに何か言われたら、言ったその人はきっと「ああ、悪いことを言ってしまった。悪かったな」と後悔しておられるでしょうけれど（なかには悪かったと反省しない人もいるかもしれませんが）、言われた方はいつまでも心を刺されたような気分になります。

けれども、この世の中は流れ流れていて常に変わっていく実体のないものだと思えば、そんな悩みもなくなる筈です。こういったことが仏教では大事なことで、それが結局は、諸行無常であり、諸法無我だと思うのです。自分というものは本当はないのです。世間虚仮も同じだと思います。

唯仏是真——涅槃寂静

次に唯仏是真とは、「ただ 仏 これ真」ということですが、太子様がこの世の中を仏の「仏国土」にしたいというお心で、『十七条憲法』をお作りになりました。今も有り難い教えとして教えられることが多いと思うのです。そして、たくさんのお寺を建て、たくさんの仏像をお造りになりました。中宮寺のご本尊様は太子様が母上の穴穂部間人皇后様のお姿をお彫りになったと、中宮寺では言い伝えられております。

仏教の仏様というのは、私たちの理想のお姿として、こういうお姿ですよ、ということで仏像があります。また人間の願望にしたがって、病気を治してほしいとの願いから薬師如来様がいらっしゃる、また頭が良くなりますようにとの願いをかなえてくださるために文殊菩薩様がいらっしゃるというわけですが、いま唯仏是真の「仏」とは、私は仏像の仏様ではないと思うのです。この「仏」というのは、私たちみんなが仏であるということです。私たちは本当はみんな仏なのです。けれども、それに気付いていないのです。

内山興正という曹洞宗の老師様がおっしゃっている言葉に、「人は生まれることによって、命が生じたのではない。天地いっぱいの命が、私という思い固めの中に汲み取られたのである。人は死ぬことによって、命がなくなるのではない。天地いっぱいの命が、私という思い固めから、天地いっぱいの中にばら蒔かれるのだ」とあります。私はこの言葉が大好きです。本当にそうだと思うのです。

どこまでも、自分が、自分がと、自分が人に愛されたい、人に認められたい、欲しい、惜しい、悔しい、といういろいろな欲望、自分が、自分がという「自我」でがんじがらめになってしまっているのが私たちです。本当はそうではなくて、人間は本来みな仏さまなのです。欲望によってがんじがらめになっている煩悩から解け（ホトケ）た時、人間は仏（ホトケ）様であり、これのみ真実（是真）であり、本当の自分であるのですが、なかなかその境地になれないのです。

諸行無常・諸法無我であることを忘れ、気付かないでいる、思い込みやとらわれ、執着があるのですが、執着を捨てて、流れ流れている人生であることを思い、何事もその場その場でさらりと流してしまえば、怒りや憎しみもなくなると思うのです。なかなかそうはいきませんけれど、「欲望から解き放たれた自分、本当の自分は仏様であり、その仏だけが真実実体である」と、聖徳太子様はおっしゃっておられるのです。

私の好きな仏国禅師のお歌に、「雲晴れて後のひかりと思うなよ　元より空に有明の月」というのがあります。月をよく悟りに譬えるのですが、「お月さまは雲が晴れたから現れたのではなく、元々そこにあったのが、雲に覆われていたから見えなかっただけである」というのです。これは私たちの煩悩に囲まれている仏心のこと、もともと私たちは仏であるのに、煩悩に覆われているので、目に見えず気付かないことをいっておられるのです。私たちは欲望を解き放って、真実の月、真実の仏心を観るよう努力し、自分が自分がという思い固めを解き放つことが大切です。

流れ流れているこの世の中を正しく受け止めることです。「正受にして不受」という言葉があります。私たちは毎日のことを正しく受け止めて、しかしまた不受、それを取り込んではいけないのです。すぐに流してしまって、とらわれないということが大切なのです。

一休禅師のお話ですが、お昼時にお弟子さんと一緒に歩いていて、うなぎ屋さんの前を通りかかりました。すると一休さんは「ああ、いい匂いだな、おなかが空いてきたなあ」とおっしゃったのです。これを聞いたお弟子さんは考え込んでしまった。何事も悟っておられる素晴らしい師匠と思っていたのに、そのようなことをおっしゃるとは。悟りというのは嘘かしら、などと考えながら悶々と歩いていたのですが、思い切って「お師匠さま、先ほどいい匂いだな、おなかが空いてきたなとおっしゃいましたが、悟りきっておられる禅師さまがそのようなことをおっしゃってもいいのですか」。すると禅師は、「おまえはまだ鼻先に蒲焼きをぶら下げて歩いておったのか」とおっしゃったというのです。

それが正受にして不受なのです。病気で苦しんでいたら、いい匂いは入ってきませんし、何か悩み事を考えていたら、いい匂いどころではありません。健康体だから、いい匂いがすれば直ぐわかるし、また、おなかが空くこともわかる、これは事実です。そして正しく受け取ったということ、つまり正受です。しかし、それを不受、受け入れることなく直ぐに流してゆくのです。

ところが私たち人間は、それについていろいろなことを考えてしまいます。おなかの空いたことから、このあいだ食べた時は美味しかったな、だけどあの時は、私がお金を払ったのだから、彼には貸しがあるとか、一つのことから次から次へと、いろいろなことを考えるのです。これが執着、とらわれということなのですが、仏教的には、この執着を捨てないといけないということです。

磨かれた鏡の前に立つと、そのままの姿がはっきりと映りますが、退くとパッと消えてしまうように、現実をそのまま正しく受け止めるけれど、それをいつまでも引きずらず執着せずにパッと捨てて、その時その時を大事に精一杯生きること。仏教では大死一番ということをよくいいますけれど、過去の自分はその時その時に死んで、瞬間瞬間に新しく生まれ、新しい自分が生きる。そして、今を最善に最高に生きるのが「三法印」であり、聖徳太子様がおっしゃっている「世間虚仮　唯仏是真」であると思うのです。

世間虚仮　唯仏是真

道元禅師は「仏道を習うとは、自己を習うこと」とおっしゃっていますし、弘法大師は「如実知自身（本当の自分を知りなさい）」とおっしゃっています。それが本当に大事なことだと思います。「悟」という文字があります。立心偏は「心」で、「吾が心を知る」ことが「悟り」ですが、吾れの真実は仏様であることを忘れて、「自分我・自分我」という執着の垢にまみれてしまい、思い悩み苦しむのが人間です。あげくの果てに、常識では考えられないようなこと、親が子どもを殺す、子どもが親を殺すということまで起こってしまいます。自分我・自分我という小さな世界に閉じこもる、これはみな人間の性《さが》の弱さ、小ささ、愚かさです。

仏教の「三毒煩悩」、すなわち、貪欲（むさぼり）・瞋恚（いかり）・愚痴（おろかさ）の三つの中に「愚痴」というのがあります。これは本当のことを知らない愚かさ、人間の本質的な愚かさのことで、人はどこから来て、どこへ帰るのかが解らない愚かさです。キリスト教でいう原罪と同じだと思うのです。いまは財務省などの高級官僚の問題も浮上していますが、どのように務めるべきであるか充分理解している筈なのに、そういう立場に置かれると目がくらみ、本当のことが理解できなくなり、自分の貪欲のままに、収賄・贈賄の行動を起こしてしまうのです。自分は何なのか、自分はどうあるべきか、「世間虚仮　唯仏是真」を本当に解することのできない私たちは実に悲しいことです。

私の好きな和歌ですが、「岩もあり木の根もあれどさらさらと　ただささらさらと水の流るる」という歌がありますが、人生の喜怒哀楽も、その時その時に全力投球で最善を尽くし、さらさらと流してゆくのがよいのではないでしょうか。

よくいわれることですが、「山の本当の姿は、山に入ってしまえば解らない」と。いろいろな樹がある、大きい岩もある、汚いゴミや空き缶が捨ててある、というのは見えますが、山を抜け出して外に出なければ、山の全体の姿は見えません。私たちも、日常の今おかれている場所を一度抜け出して、居場所を換えてみて、また違う環境で見つめ直さないと、自分の本当の姿を見ることは出来ません。苦しいことのある時は、一度そのことから離れて、また改めて静かに見つめ直す、そして軌道修正をすることが肝要であると思います。

『華厳経』に「三界唯一心」とあります。私たちが生活している全世界は、全てこの自分の心がつくり出しているもので、自分がどう感じるか、どう生きているかということで変わっていくというのです。その後に「心のたくみなること、画師の如し」とありますが、画家が上手な絵を画くように、自分の身の周りに素晴らしい生活をつくり出すのも、地獄のような悲しい生活をつくり出すのも、みな自分の心ひとつだということです。

ですから、自分我・自分我という執着を捨て、自分の真実は素晴らしい仏様であるということを自覚して、今ある自分は有り難いことと感謝して受け止め、喜びの生活を送ることによって、それが因となって、自分ばかりでなく周りにも本当に幸せなことがたくさん集まって来ることになるのです。生かされている今を有り難く感謝して、いまこの瞬間を全力投球で過ごしていくことが大切だと思います。

ですから、罪を犯したような人でも、たとえ仏心が麻痺してしまっているように見える人でも、かたわらで赤ちゃんが井戸や池に近づいて今にも落ちそうになっているのを見たら、すぐに走り寄ってその瞬間に抱き留めると思うのです。これが仏心です。どろどろに心の汚れたように見える人でも、やはり仏心はあるのです。

仏心の閃き、自分の奥底には素晴らしい仏様がいらっしゃる、自分は素晴らしい人間として生かされているのだということに目覚め、感謝の生活をしていただきたい、そのように思うのです。自分は、自分勝手に生きているのではない、大自然の大きな恵みの中で、あらゆる人々のおかげで生かされているということを知ることが、仏教の教えなのです。

聖徳太子様のおっしゃった「世間虚仮　唯仏是真」は仏教の根本的教えであり、「三法印」のことであるのです。「世間は常に変化し、実体のあるものはない。そして、今、この今の瞬間しかない、この今を有り難く感謝して受け止め、今を全力投球で生きる。種々の欲望を捨て、諸々の物事に執着することなく、生かされている喜びに感謝し、自分の真実の心（仏心）のままに生きなさい。煩悩を断った悟りの境地は、心の安定した理想の世界です」と、教えてくださっているのです。

太子様は「仏教の平和な国土を造りたい」とおっしゃいました。お寺は全国にたくさん建ちましたけれども、仏教の真実の心がいまひとつ広まっていないようです。これは宗教家の私たちの責任でもあるわけですが、皆様のお力もお借りして平和な社会をつくるよう努めてまいりたいと思いますので、よろしくお願いを申し上げます。

II

衆生ほんらい仏なり

境内は青葉のみどりが美しく、それをぬって、お参りの方々の姿がちらほらとみえます。

美しく清らかな微笑の本尊様のみ前にぬかづかれて、皆様はそれぞれに何を感じ、何を念じてお帰りになるのでしょうか。

私の好きな白隠禅師の『坐禅和讃』に、

衆生本来仏なり
水と氷の如くにて

水をはなれて氷なく
衆生の外に仏なし
衆生近きを知らずして
遠く求むるはかなさよ
たとえば水の中にいて
渇を叫ぶが如くなり

とあります。私たちは、あれが欲しいこれが欲しい、ああでなくてはいけない、こうでなくてはいけないと、あくなき欲望、いかり、愚痴がおこるのは、この五尺余りの身体を永遠常住の自分であると思い込むからで、「我れ」という鎧に身を固め、「我れ」に対する渇愛から、自他の利害に戦々恐々としている状態を氷に例えているのです。

それに対して、相対する人や環境は、総て自分の心の影であり、また今までの自分の過去及び過去世のおこない（種子）によって、現在の状態（結果）となって現れているのです。そしてまた、今の心の持ち方や行いによって、いかようにも変わってゆくものであることを知って、わが心を深くみつめた時、我れとして執着し渇愛する何ものもないことを知ります。自然に我愛、我執、我慢から離れ、固い自我の鎧が取り除かれ、氷が解けて水となる。これがすなわち仏であり、自他彼此を隔てていた結ぼれがほどけるのであり、宇宙総てが私であり、仏である。すなわち一切衆生も仏も私も、三者は一体であったのだということを自覚するところから、無限の智慧と大慈悲が生れるのです。これすなわち、この身このままが実は仏であったのだということが詠われております。

たち向う人の姿はかがみなり
　おのが心をうつしてやみなん

とも詠まれていますように、総て目に映るものは自分の心の影であり、心次第であるから、わが心をよくよくみつめ、無我・無性に帰して、無相の相を相とし、無念の念を念とする。そのように何ものにも執われない、こだわらない広い豊かな心で生活するところに、常に満たされた円満無礙の仏国土があるとの教えでございます。

まことに有り難い教えで、なるほどと理屈では解り、また時には三者一体の悦びをこの身に感じる時もあります。しかし悲しいことに所詮、人間であり、今までの、人としての業があまりに深いので、またしても自我に執われ、言わなくてもよいことを言って人を傷つけ、人と対立してしまう私です。そして反省し懺悔し、「み仏のみ心を心に」と念じつつも、またしても同じことの繰り返しの毎日、修法し坐禅し、これではいけないと励めば励むほど、同じことの繰り返しに絶望も感じ、親鸞上人が『歎異抄』で「いづれの行もおよびがたき身なれば、とても地獄は一定すみかぞかし」とおっしゃっておられるお言葉がしみじみと感じられるのです。

でも私には、本尊様がいらっしゃるのです。本尊様のみ前にぬかづきます時、あるいは叱られ、また、こんな私をも許し、無限の愛で温かく包み、はげまし、見守ってくださるのでございます。

そして仏道にいそしむ身の仕合せ、み仏に抱かれている無上のよろこびを感じるのでございます。

観音様のみ前にて

若葉のみどりの美しい境内をぬって、今日も三三五五お参りされる方のふむ玉砂利の音が聞えてくる。皆さん何を念じ、何をお考えでお参りなさるのであろうか。

以前から本堂に参拝ノートを置き、それぞれ思いのまま自由に感想を書いていただいている。

「心が洗われます」

「全く、いつ拝してもその美しさに驚かされるばかりです。時間の流れを超越して本当に人間の作とは思えない」

「長年の念願が叶い、菩薩様にお目にかかれて感激です。何事も包んでくださる微笑、私もこの微笑を忘れないようにしたい」

「いつまでも坐っていたい」

「この像のようなきれいな心の人間になれますように――心が安まる像」

「今日は本当に仕合せでした。観音様のように優しく、美しくなりますように」

皆さんの新鮮な感激。私も夕勤行をすませて時折これを読ませていただくたびに、警策で打たれる思いがして、身のひきしまるのを覚える。

今日もこうして、この暖かく清らかな、崇高なる慈悲の本尊様のお側にいられる私、健康にも恵まれ、何事もなくご用を勤めさせていただき、お給仕させていただけることは何と有り難いことではないか。この感謝を忘れかけているのではなかろうか。

日々の忙しさに追われ、目の前のこと、虚仮の世界のとりこになり、ああでもないこうでもないと煩悩に追い廻されている自分。求道がおろそかになり、ただ、惰性で無意味にその日その日を過ごし、実相を見失いかけていた自分を見出して、その真心、本性が引き戻された思いがするのである。

「初発心時便成正覚」といわれ、また「発菩提心の千発・万発の必要性」を聞かされるが、お恥しいことながら「負うた子に教えられ」とでもいうのか、皆さんの新鮮な感想を目にして、私もまた本当に清々しく、新たな感激を胸にし、精舎に起居させていただける身の法幸を、再びかみしめる有り難いひとときであると共に、宗教、その精神教育の必要性が求められている今日、なすことを知らない私の無力さが思われて、ただただ慚愧のいたりで、じくじたるひとときでもあり、ただ本尊様にひれ伏すばかりである。

感謝の生活

木々の新緑が雨を受けて色あざやかに生き生きと映えております。何と美しい大自然でございましょう。中国の無門慧開禅師の著わされた『無門関』に次のような詩がございます。

春百花有り　秋月有り
夏涼風有り　冬雪有り
若し閑事の心頭に掛かる無くんば
便ち是れ人間の好時節

「春百花有り」、春はあらゆる花が咲き競い、何と美しいことでしょう。野の片隅で人知れず咲いているすみれの一輪をそっと手にして見ましても、その色、形の美しさにただ感嘆させられます。「秋月有り」、秋のさえわたった月、その下で虫がすだき、美しいコーラス。

「夏涼風有り」、夏の炎天には涼風を送ってくれる木々。暑さの中の冷たい飲み物の味もまた格別でございましょう。「冬雪有り」、寒い冬には葉の落ちた木の間より洩れる暖かい太陽の光、美しく降り積った雪景色、スキーの楽しさなど、冬ならではの味わいでございます。夏冬のきびしい暑さ寒さの中にも、自然の豊かな恵みが感じられ、またそれなればこそ、春秋の涼しさこころよさが、一層深く感取されるのでございましょう。

このような大自然の移り変り、四季それぞれの豊かな味わい、私たちはつい馴れてしまって当り前のようになり、また日常生活の何やかやと忙しさに取りまぎれ、深く考えてみることもいたしませず過ごしておりますが、今こうしてゆっくり、春夏秋冬と頭をめぐらします時、どうしてこのように美しいすばらしい世界が、規則正しく、また精密に時々刻々と変化してまいりますのか、不思議な偉大なる力に驚異の日をみはるばかりでございます。私たちは、自分自身では髪の毛一本ふやすことも、身の丈一糎伸ばすことも出来ないではございませんか。

不可思議な美しい大自然に囲まれております私たち、こんな結構な世界に生を受け、自然に生かしていただいております私たち、感謝のみの生活を送ってもよろしい筈の私たち人間が、ついこの有り難さを忘れ、後まわしにし、何かと不平を見つけては愚痴を言い、また怒って赤くなったり青くなったりするのは、なぜでございましょう。「若し閑事の心に掛かる無くんば」の閑事とは、いらない余計なことを云うのでございます。余計な分別、思惑、欲望、計らいが心にもやもやひっかかっておりませんでしたら、「是れ人間の好時節」でございます。

向阿上人は『父子相迎』という書物の中で「さしも受け難くして、うしなひやすき人身を、いたづらはしく、なにともなき夢のうちのことにのみ苦しめて、ついに、げにげにしきながき世の思い出、ひとつもなくてやみなんあさましさよ」と嘆き、また弘法大師は『性霊集』の中で、「蕩逸昏迷にして口腹を営む、死に去り死に去りて灰塵となる、生れゆき、生れゆきて、咲《わら》ひてまた哭す、東に打たれ西に打ちて、惣《すべ》て是れに由る」と書いておられます。

私たちは万物の霊長と云われ、いろいろものを考え、道具を創って使い生活するすばらしい人間なのです。話すことも出来ます。このすばらしい世界に人間としての生命をいただき、またどんなに長生きしても百まで生きることは難しく、いつ死ぬかわからない人生、「遭い難うして失い易い」人の世に、人と生れた甲斐もなく、ぼうっとして過してしまい、また勝手な思惑で貪り怒り愚痴を言い、まことの生き甲斐、悦びを味わうこともなく、仏様の道にも気付かず、この世のよしなしごと、無理の願いに大切な一生を過ごしてしまうとは、何とおろかな勿体ないことでございましょう。

弘法大師もこのあわれな人間の姿、生活を営む有様を、錯乱放逸の暗く迷った生活、食を求め、衣や住にのみ心を傾けて夢中になり、隣りも向うも皆々死に去って、ただ灰となる。生れて、ある時は人間に生れ笑ったり泣いたりし、また愚痴放逸の報いから畜生道に生れて、あちらこちらで打たれるのであると嘆いておられるのです。

私たちはこうして人間の本質について考えてまいりまして、仏法に触れることが出来たのです。この世に偶然ということはありえないと私は信じております。すべて仏様の大いなるお計いでございましょう。全ての自分勝手な思惑・計いを捨てて、全てを仏様にゆだねまつり、赤子のように天真爛漫な心に還った時、そこにはすばらしい誠の悦び、感謝の世界が開かれるのでございます。

これが「閑事の心頭に掛かる無くんば、便ち是れ人間の好時節」でございます。還ると申しましたが、そうなのです。私たちはもともと仏様なのです。仏様と変らない清浄な心をいただいておりながら、いろいろな知識によって、かえっていろいろ惑わされ、目が曇らされているのでございます。阿字観などの禅定は、心を静めその曇りを払い本来の姿に還ろうとするのでございます。

もう一度やり直しの出来ない「遭い難うして失い易き」一生を、出来ることなら楽しく感謝して過したいものでございます。弘法大師は「明暗他に非ざれば、信修すれば忽ちに証す」と『般若心経秘鍵』でおっしゃっておられます。すなわち明るい生活、暗い生活すべては、私たちの心のもち方によって変ってくるのです。「相対するものは自分の心の鏡である」とは、よく言われている言葉でございます。自分がいらいらしている時は何でもが気に入らず、また嬉しい時はお花までが、一緒によろこんでくれているように感じた経験は、どなたもきっとお持ちのことと存じますが、人間とは本当に勝手なものでございます。好きとなると「あばたもえくぼ」、また嫌いとなると「坊主憎けりゃ袈裟まで憎い」とかで、何でも憎く悪く解釈していくものです。

『法句経』に、「憎しみは憎しみによっては静まらない、憎しみは憎しみを捨ててこそ、始めて静まる」とあります。憎い憎いと思っている間、心は常にそのことに覆われ、悩まされ傷つき相手をうらんでいるつもりでも、その毒素は自分にたまり大きくなり、憎しみのとりことなり、遂には病気になったり、鬼のような顔になったりいたします。「類は類を呼ぶ」の法則で、自分の周囲はけんけんごうごう、さながらの地獄になりかねません。四十過ぎたら自分の顔には自分で責任がありますとか、恐しい顔、欲深そうな顔、日々の心掛けがいつの間にか相となって顕われますこと、本当にこわいようでございます。憎しみも相手の立場になって考え、そして許し、あっさりと忘れ去り、そのうえ、憎しみに対して愛で報いたいものでございます。

こんなお話がございます。ある人が病気で危篤に陥り、閻魔大王の前に引き出されました。ところがこの大王の死者名簿の極楽の部にも地獄の部にもその人の名前が記されておりません。そこで再びこの世へ帰ることになったのですが、ちょうど折り良く、「地獄極楽見本市」が開催されておりまして、せっかく来たのだからこの見本市を見てゆっくりして行くようにと、大王のお許しが出たのでした。

そこでまず地獄館へ入ることにして、おそるおそるのぞいてみました。するとそこは美しく飾られた大広間で、ちょうどこれから食事が始まるところでした。部屋の中央には大きなお鍋があって、もうもうと湯気がたち、おいしそうなご馳走が山もりに盛られています。お鍋のまわりをテーブルが囲み、一人一人の前には五メートルもある長いスプーンが置いてあります。人々はと見ますと、何と左手は椅子にしっかりくくられております。死んでも椅子は離したくないものと見えます。そして地獄の人達だけに、殺気立ったとげとげしい顔、がりがりの身体に目ばかりぎょろぎょろ血走らせているものなど、皆やせて恐ろしい形相をしております。

こんなご馳走が毎日あてがわれているのでしょうに、どうしてなのかと考えている間にベルが鳴り、いよいよ食事開始です。一同あわてて右手でスプーンをとり、われ先きにと、お鍋のご馳走をすくいます。そして口へ持って行こうとするのですが、スプーンが長過ぎて肩の先へずっとずっと出て、口へ入りません。それでも皆、何とかして食べようと必死です。中に上手な人は放り上げて落ちて来るのを口で受けとめます。けれどもなかなか上手にはいきません。たちまち顔も着ているものも、ご御馳走だらけになって、

「スプーンがさわった」

「お前の食物が掛かった」

と大きな声で怒鳴り合い、スプーンで叩き合いが始まりました。血まみれになってまで争う人々、ああ、ここはやはり地獄でした。

早々にして地獄館を飛び出し、さて今度は極楽館です。極楽とはどんな所でしょう。美しい花が咲き乱れ、天人達が華やかに舞う姿などを想像しながら入って行きました。するとどうでしょう。地獄館と少しも変らない、やはり綺麗に飾られた大きな部屋です。そして同じように真中に大きなお鍋があり、先刻と同じご馳走が置かれてあります。テーブルの位置、スプーンの長さまで皆同じです。回りに腰掛けている人々は、やはり左手を椅子にくくられております。

でもここの人々は皆にこにこし、恵比須さんや大黒さんの集りのように、ゆったりと、ただ黙って腰掛けているだけですが、その姿を見ていると、こちらまで嬉しくなってくるようです。同じように食事開始のベルが鳴りました。すると一同、自由になる右手でそれぞれ感謝の祈りをささげます。さてあの長いスプーンはどうなるかと見ておりますと、おいしそうなところを丁寧にすくい上げ、お向かいの方に、

「さあ、どうぞ」

「いや、まあお先にどうぞ」

「それはそれは、いつも本当にどうも」

「いつも、おいしいのをたくさんいただけて結構ですな」

「本当に有り難いことですね」

と頬をほころばし、感謝と喜びの和気あいあいとした、なごやかな雰囲気の中に食事は次第に終っていき、和やかな会話が続きます。やはりここは極楽です。感心してこの館を出て大王にお礼を言って、この人はこの世に帰って来たということでございます。


このように同じ環境にありましても、ただ心持の違いだけでこれほど変ってきます。結局、地獄も極楽も、もともとは人間の心の中にあることが思い知らされます。

人間は決して一人では生活出来ないものでございます。着る物、食事などにいたしましても、どれほど多くの人々の手を通り、お世話になっておりますことでしょうか。またいろいろな職業の方がいらっしゃってくださればこそ、私たちは楽しく生活出来るのです。

たとえば会社に例をとりますと、社員や守衛さんがいるからこそ会社としての活動が出来るので、社長だけでは事業は成り立ってまいりません。人それぞれこの世の因果やちょっとした縁などによって職業その他に違いはありますが、人間の本質には何ら尊卑など違いのあろう筈がありません。仏様は全ての人々を一子の如く愛していてくださいます。

子は親を、親は子を、また夫は妻を、妻は夫を、そして社員は社長を、社長は社員をと、どのような人に対しても互いに感謝の心を忘れず拝み合い、全ての人を尊重していきたいものでございます。そこにこそ本当の明るい平和が生れることと存じます。

このような生活こそ仏様のお教えの生活です。宗教は頭で考え、もっともらしい理屈を並べたり、またお仏壇や神殿の前で拝むことだけでは決してありません。お釈迦様は生きている人々を幸福にし、悩みをなくすことをお教えくださったのです。仏様のお心を心とさせていただき、心からのやさしい親切な行い、そして見返りを求めることなく人様のために働かせていただくことこそ、信ある者の道でございます。雨だれが一滴一滴とあの堅い石をも穿つが如く、私たちも常に仏様に心を向け、どんな小さいことでも、こつこつと実行し、誠の道を歩んで行こうではありませんか。

そして全てを仏様にゆだね、このすばらしい人生——大自然の豊かさ・偉大さ、人間として生れた有り難さ・悦び——を深く味わい、常に明るく正しく、なごやかな感謝の生活を送りたいものでございます。

み仏の慈悲につつまれて

このほどある商社に勤められる二十一歳のタイピストの方から、「最近、自分の心の中に起こるすべての考えが、あまりにも醜いので悩んでいます。たとえば、何か仕事をした時も、純粋にそれをしなければならないと思いながら、もう一人の私は、自分のしたことを誰かに認めてもらいたくてしたのではないかと思われます。あなた様もかつて社会にあって普通の人間として暮した方とうけたまわっておりますが、物欲、虚栄、あこがれなどの経験をお持ちになったのではないでしょうか。そして、今現在の生活の中で、どのように心の平安を持たれているか、その心の安らぎを私にもお分けいただきたいと存じます。

また、生きることに喜びを感じられるのが愛だと思います。キリスト教でも神の絶対愛を説いていますが、私は仏の慈愛の中に住んでおられるあなた様の、愛についてのお話をうけたまわりたいと存じます」。こういう意味のお手紙をいただきました。これに対して至らぬ信仰の一端をしたためて、お返事といたしましたのが、この文章でございます。お導きいただきとうございます。

お手紙、拝見いたしました。近頃はき違えた自由主義と申しますのか、自分個人のことのみの考えを主張し、他人に迷惑のかかることはかまわず、責任も持たずに目先のことのみに執らわれた方の多い時、貴女のお手紙を拝見し、心に何かまことのものを求めていられるのを、嬉しく読ませていただきました。

早速本筋に入りますが、人間である以上、虚栄心なり、あらゆる欲望が起こることは当然のことと思います。貴女もすでにお気づきのように、心ほど自分の身近にあって、自分の自由にならないものはないと存じます。中国の聖人孔子でさえも、「三十にして立つ、四十にして惑わず、七十にして心のほしいままに従って矩をこえず」と申しております。一心十界と申しまして、私たちの心の中には鬼のような恐ろしい心、あえぎ求める心、本能にのみとらわれる心、他と対立して争うことしか知らない心、またそれらから目覚め自制する心、人間の本質・真理を考え求めて向上する心、またそれを自分が求めるだけでなく、人々をも導こうとする心等々、そして宇宙の本質、生命の本来の自覚をわがものにした浄らかな仏様の心など、このようないろいろな心が絶えず動きまわっております。

例えば愛情などを考えましても、愛するものを、相手の意思などおかまいなしに、自分のものにし自分の思うようにしないと気が済まない、低い貪りの愛欲から、相手を尊重し相手の幸福を考える愛、自分のことは犠牲にして捧げ尽す愛、またそれも特定の個人にのみでなく、あらゆる人々や物を自分の如くまた一子の如く愛さずにはいられない愛、――このように己人的利己的愛欲も浄められ高められて、森羅万象の平等平和、世界人類の幸福のために怒り泣く大きな愛情となり、これこそが貴女が云われる神の絶対愛すなわち仏様の大慈悲です。私たちも小さい欲望を、大きな高いものへと向けて行くことこそ、そこに人間としての価値が顕われ、向上があり、仏様にあがなわれ、仏様に近づけるものと思います。

貴女が云われるように、人間は確かに愛情なくしては生きていけないものでございましょう。仏様の絶対無限の愛情で抱かれていることを知り、体験し自覚すること（これは人から聞いたり押しつけられても、得られるものではありませんが）、ここに信仰があるのではないかと存じます。人より受ける愛情は、いかに大きくても消えてなくなる不安もあり、またどのような人といえども人間である以上、すべてに限りがありますが、仏様の愛情・慈悲は無限であり、絶対に崩れたり変ったりすることはありません。この愛情によって包まれていることを自覚することこそ、人間として最高の悦びであり幸福であると私は考えております。

このように総ての欲望・思想などは高められ浄められて仏様の慈悲・智慧となるように、人間は本来仏様と変らぬ本性（仏性）を持ち、仏様と一体のものなのです。ただそれが醜い欲望・思想などにより覆われて、見えず気付かないだけなのです。例えば満月が雲に覆われているようなもので、清い月の本性がありますからこそ、その雲間から光がさし、貴女のように醜い心を嫌われるのです。満月も雲に覆われておりますと、その清々しい姿が見えないように、結局人間は、自分勝手な色眼鏡をかけてあらゆるものを見ているようなもので、「我」という愚かな勝手なはからい、思わく、欲望等の赤や黄の色めがねで見ますから、そのものの本当の色・姿が見えないのです。これは皆、自分という特殊なものがあるように錯覚し、執着し、渇愛する愚かさから来るものではないでしょうか。

仏教では「無我」を強調いたします。マララセーカラ博士は、「仏教には、それあるがゆえに、あらゆる他の諸宗教や信条や哲学体系から離れて、それを世界の歴史の中で唯一無比のものたらしめている一つの教義がある。あらゆるその他の仏教の教え、例えば無常の教義、最高なる人格神の否定、業の法則、仏教の倫理体系、仏教における瞑想の実践法、すべてこれらは多少なりに類似した形式において、人間の生涯を導き、世界の不満足さを説明しようと試みてきた諸学派や諸宗派のあれこれの中に見出される。しかし実在的な恒常な霊魂、あるいは我の否定においては、仏教は独立している」と述べています。

私たち人間に「自分」という常に存在しこわれない実体があるでしょうか。肉体が私たち自身であり、子供の頃より継続しているように思われますが、それは真実に私たち自身ではなく、あらゆる瞬間にその諸部分が滅び変化していることは、髪、爪などを考えていただいてもおわかりのことと存じます。心についてはどうでしょうか。心とは、ころころところがるように変るので心と言うとの語源の如く、また先にも申し上げましたように、意識するとしないにかかわらず常に変化しております。

先のマララセーカラ博士は次のように言っておられます。

「恒常性のない心は、思想・感情・意識といったようなあらゆるものの複合体であり、人の心や彼の性格や、いろいろな希求は変わらねばならぬし、またそれは変わる。さもなければ、彼の一層高い発展・進歩・改善の可能性がないことになる。また同様なことが、心の能力、すなわち推理、弁別や判断の力、意志や記憶についても言われ得る。それらの能力のいかなるものにも、我々が『これが恒常の我であり、昨日も今日も、そして永久に同じ我である』と言えるようなものは何もない。

しかしながら『霊魂は我々の身心のいかなる部分にも見出され得ないということに同意するが、我々の存在の全体性が霊魂であると我々は言う』と主張されるかもしれない。このことはむしろ先決問題を前提している上でのこと（beg the question）であるように思われる。なぜなら、ある全体なるものの外見は単に迷妄にすぎないから。あらゆる分子が絶えず相続的に変化しているものの中に、どんな「全体」があり得るか。虹をつかもうと欲する子供等のように、我々の自我の中に何か不死なものを見出そうと希望しつつ、我々は我々の自我に執着する。子供にとっては、虹はある生き生きした実在のものである。しかし成人はそれが単にある光線と水滴とによって起こった幻影にすぎないということを知っている。その光は単に波、あるいは波動の一連鎖にすぎず、虹それ自体と同様に実在性をもたないものである。一方「水」は単に水素と酸素の分子のある化合、すなわち恒常性を全く持たない化合に対する名前であるにすぎない。すべてのものが虹のようである。そこには過程があり成立の働き（conditioning）があるが、しかしどこにも恒常なもののほんの少しの痕跡もない。

生はこのようにして単に一つの現象であるにすぎない。あるいはむしろ原因と結果の法則によって生じた現象の一系列、一継起であるに過ぎない。我々の各々は単に物質的な諸性質と心の諸性質との結合である。あらゆる人間、あらゆる物、あらゆる神は、仏陀がサンカーラ（saṅkhāra）と呼ぶところの「組成」すなわち一つの複合体である。それを合成し構成する諸部分の関係は常に変化している。それゆえ、その複合体は相続せる二瞬間の間といえども決して同じではない」

と述べられています。自他の成り立ちの根拠は同じであり、個々に区別出来ないものであり、すべてがつながりを持ち、ここに全ての現象に共感出来る慈悲の根拠があることを述べ、生の原因は分離であり、私は私であり、彼は彼であるというように分離して考えるところに、自我があり苦しみがあると言っておられます。話が難しくなりましたでしょうか。私が出家いたしまして仏教を学び、一番はじめに触れました無我の説明の中で、科学的客観的で印象的でしたので、ここに取り上げました。このように人々が個々に分離し、小さい自分に執われることがなければ苦しみも悩みもないはずです。

お大師様は六大縁起を立てられ、この宇宙（法界）ことごとく、すなわち仏様も私たち人間も石ころも、あらゆるものは六大（地——《堅さ》、水——《湿い》、火——《炳さ》、風——《動き》、空——《無礙》の五大と、一切を判断し知ることの出来る一切智智の識大）が、互いに縁じ合って存在していることを説かれ、この宇宙ことごとく同体であり、存在する限りのものは、本質的に、そのあるがままに常住の仏様であり、ことごとく仏様の智慧・慈悲によって顕現し、すなわちこの宇宙の全ては仏様の無限無量の大慈悲のお説法であり、そして私たちもこの真実の姿を知り、ありのままに知った時は、この身このまま、仏様となることが出来ることを明らかになさいました。

本当にこの仏様の不可思議な世界、大自然、そして私自身を考えます時、ただ有り難く、ここに生かしていただいている喜びと感謝で充ち満ち、ただすべてをみ仏にゆだねまつり、一日一日を有意義に過ごさせていただきたく念ずるばかりです。

とは申しますものの、私たち人間は、またしても自分に執われ、いらない思わく、虚栄心や欲望などの悩みで苦しむのが常でございますが、少しでも何かの機会ごとに、その心を仏様の方にふり向け、見つめ、また仏様の加持力を念じてまいりたく存じます。誰が認めてくれなくとも、すべて仏様はご存知でいらっしゃいます。常に自分自身の心のうちに、(仏様に)忠実に、まことをもって生活し、明るい感謝の生活をいたしとう存じます。

またどんなことでも仏様のお説法として感謝して受け入れ、すべてを拝み、私たち自身も仏様の無限の大慈悲でお守りいただき、仏様と同体であることを自覚し、心に慈悲の灯をともし、あらゆる人々にやさしく親切に、報酬を求めない奉仕の心、まことの心をもって接していきたいものでございます。そここそは、この世の仏国土(無限の心の平安の世界)があると信じます。

何かと忙しさに追われ、今お目にかかってお話することも出来ませんが、そのうちにお目にかかる機会もありますことを楽しみにしております。

みひかりに照らされて

昔、ある国に四人の妻を持った王様がおりました。第一夫人は王様の最も愛している婦人で、この婦人に対する王様の心遣いは並大抵のものではありませんでした。第二夫人は第一夫人ほどではないのですが、それでも、他人と争ってまで自分の妃とした関係上、常に自分の隣に坐らせていました。第三夫人は、時々会って話す話し友達の程度で、ことがある時に思い出すくらいでした。第四夫人というのは、夫人とは名ばかりで、ほとんど奴婢に等しい労働をさせ、優しい言葉すらかけなかったのです。

ところがある日王様は、遠い国へ旅立つことになり、第一夫人を呼び寄せ、「私はこれまでお前を一番可愛がって来た。実は外国へ行かねばならないのだが、お前のことだからきっと私に同伴してくれるであろう」と言いました。ところが第一夫人は、「あなたがどれほど可愛がってくださっても、お伴をするのは御免です」とあっさり断わりました。

王様は意外に思いながら第二夫人を呼び、「私はずいぶんと無理をしてお前を妻にしたが、どうか私と一緒に行ってほしい」と言いました。しかし「あなたが一番可愛がっていらっしゃる第一夫人でさえお伴なさらないのに、どうして私がお伴出来ましょう」とつれなく答えました。王様は仕方なく第三夫人を呼んで同じようなことを言いましたが、「私は日頃ご恩をうけていますから、もしお出かけになるのでしたら門までお送りいたしましょう。でもそれ以上お伴するわけにはまいりません」と答えました。

王様は今度は第四夫人を呼んで尋ねました。すると第四夫人は、「私はあなたの許に仕えている身です。両親の許を去る時から異体同心のつもりでおりました。生死も苦楽もあなたにすべてお任せしています。あなたの行かれる処ならどこへでもお伴いたしましょう」と答えました。王様は普段あまり可愛がっていないこの婦人から、内心期待もしていなかった返事を聞いて驚き、意外にも思ったのです。そして最も大事にしていた三人の夫人を連れて行けずに、かえって平素疎んじていた第四夫人を連れて外国へ旅立って行ったというのです。

これは私たちの人生を喩えたものですが、第一夫人とは人間の身体のことで、人は何よりも身体を大切にします。それは第一夫人を愛するのと同じです。けれども死ぬ時には肉体は私たちに同行してくれません。第二夫人とは財産のことで、これを得るには、人と争ったり、義理を欠いてまでも手に入れようとします。しかし死ぬ時には、これも持って行くことは出来ません。第三夫人とは父母、兄弟、妻子、友人等のことで、生きている間は睦まじく暮し、死ぬとお葬いはしてもらえますが、一カ月もするとだんだん忘れられて、自分のことばかりに夢中になるのです。第四夫人とは業です。人間は心を何度も放っておいて、ほしいままに貪り、瞋り、教えを受けようともしませんが、死ぬ時には業のみが一緒に旅立ってまいります。

このように毎日の生活をふり返って見ますと、することなすこと必ずと言ってよいほど、自分の身体に執らわれ、あらゆる欲望、見栄、財産を得ることに心を痛め、自分の思うようにならないと言っては、怒り、愚痴を言い、本当に浅ましい限りです。

よく仏教と申しますと、宿命論的に定まってしまっている人生、前生の因縁でこうなるより仕方なく、その上将来のことまで定まってしまっている、そんなあきらめの消極

南無仏太子像

的な教えのように思っておられる方が多くおられます。実は私自身もそのように女学校で聞かされ、そのように思っておりましたが、とんでもないことでした。

もちろん、現在今日、今の状態は、自分自身の過去の考えやそれによるおこない（業）の積み重ねであり、そのおこないの結果のあらわれであり、今すぐにどうすることも出来ない多くのものを持っておりますが、その今日をどう受けとめ、今の瞬間をいかに過ごすか。愚痴を言い不平で過ごすか、また、反省し感謝してその今ある状態を充分に生かし、有意義に過ごすかによって、現在・今のことが、因すなわち種子となって、良い種子にはよい花が咲き、よい実がみのるように、これから先、今すぐ後、明日、そして何年か先、また来世にと、その結果は変わり、いつかは違って現われてまいります。

善因善果、悪因悪果と言われ、また一粒の種子より多くの実を結びます如く、小さい一つの善意でも日々行われますならば、感謝の明るい楽しい生活となり、また一つの愚痴不平は心を暗くし一層暗い生活におちて行かざるを得ないでしょう。こんな小さなことぐらいとか、まあ今だけ一度だけなどと考えますのは、大きな間違いです。どんな大きな桶でも底にほんの小さな穴でも空いていれば、なみなみとたたえられた水も、いつのまにか漏れてなくなってしまうではありませんか。今が大切なのです。今・現在の生活、今の心がけが、次の瞬間そして明日の、これからの生活の基礎となってゆくのです。

結局、常に今が出発点で、生まれ変るのでございます。今日、今の心がけ一つでどうにでも変わる世の中、実に楽しいではありませんか。「日々新たなり」の句もこの意味から出ているものと存じます。また禅僧の趙州和尚は、その師南泉老師から「平常心是れ道」の一句を示されて、これによって大悟徹底されたとうかがいますが、これもここからまいりますことで、常に一瞬一瞬、今を大切に、まことの心で、感謝で過ごしますことこそ尊く、これこそ道であり、教えに通ずるものと存じます。

ちょっと手を出して、その手を一生懸命にみつめて見てください。この時、手の後ろにある景色、美しい山や木々があっても見えますでしょうか。決してそのような景色は見えないでしょう。それと同じで、何かのことに執われ、そのことばかり考えみつめておりますと、つまらない小さいことでもそれは自分には大きく大きくうつり、他のことは何も見えず、何も気付かない、それがいやなことである場合、悩み苦しみばかりがますます大きくなってまいります。先ほどの道から考えますならば、道は行きづまりで、停滞と逆行があるだけでございます。

みつめておりますものは、過去のもうすんでしまったことではないでしょうか。私たちは一瞬一瞬に新しく生まれ変わっているのです。心もそして身体もです。医学でも、人間の身体は常に変化し、細胞も新陳代謝して古いものは垢となり、どんどん排泄され、七年目にはすっかり元の細胞と入れ替わって新しく変わるというではありませんか。過ぎ去ったことに執われ、くよくよと悩み苦しむことはつまらないことです。悪かったと気付いたことは心から懺悔し、二度としないように改めたらよいのです。

また自分と同じく他人も常に新しく生まれ変っているのです。昨日のAさんは今日のAさんと違うのです。それを、「Aさんは昨日こんなことを言った」とか「Aさんは何年前にあんなことをした」「Aさんはこんな人だ」などときめてしまうのは、とんでもないことです。過去のこと、過ぎ去ったことにこだわらず、常に明るい新しい気持でお互いに接してゆきたいものでございます。

と同時に、今現在生かされている自分は、偶然に今あるのでなく、自分の業はもちろんのこと、その上に、意識するとしないにかかわらず、み仏の大慈悲、宇宙自然の不思議な力、父母・恩師・国家・社会等、あらゆる方々のお世話になっていることを深く考えます時、ここにこうしております私たち、有り難く感謝しなくてはならないことばかりで、一瞬も無駄に過ごしてはならないことをひしひしと感じさせられます。

『勝鬘経』に「若し正法を摂受する善男子・善女人は、正法を摂受せんがために三種の分を捨つ。何等をか三と為す。謂わく身と命と財となり」と説かれております。身体・生命・財産を捨ててこそ本当の仏法を知り、教えに入ることが出来るというのですが、これは何も身体・生命を捨てるのだから一度死ななくては仏法は解らないとか、財産を捨てないとだめだといって、総てを施してしまわないといけないというようなことではなく、結局、自分の身体・生命・財産に対する執われの心をすっかり捨ててしまいなさいということなのです。

自分の身体が可愛い、名誉や財産が欲しいと汲々としている間は、闘争・怒りの修羅場であり、無量寿経にも「田あれば田を憂い、宅あれば宅を憂う」とあるように、ない時には得るために、またあればそれを失うまいと憂い、いつになっても心のやすまる時がありません。この貪りの心・愚痴・怒りの心を捨てて、自分のことは後回しにして、まず人様にさし上げる心、人様のしあわせ・よろこびを喜ぶ心、自分はどうでもよいと自分を捨てる心、ここに本当の自分（仏性）が生かされるのではないでしょうか。

すべてに対する心のわだかまり、執われを払い落した時、そこには小さな自分のための欲望などはなく、夜空に雲一つなく満月が皎々とさえる如く、また雲一つない秋空のように清々しいことでございましょう。それは、先ほどの目の前に出して見つめた手を払い除けた時に、後ろにある景色がそのまま見えますように、有り難いこの不思議な世界を、正しくありのままに見ることが出来るのでございます。

また反対に、私たちは自分の命・身体・財産を完全に捨てておりません限り、自分は正しいことを言い、また行なっているつもりでも、それは絶対に正しいとは言えないことを、よく反省したいものでございます。

聖徳太子様の『十七条憲法』の第十条、『忿《いかり》を絶ち、瞋《いかり》を棄て、人の違《たが》うを怒らざれ。人みな心あり、心おのおの執るところあり。彼の是とするところは、すなわち我れの非とするところなり。我れの是とするところは、すなわち彼の非とするところなり。我れ必ずしも聖に非ず。彼必ずしも愚に非ず。共に是れ凡夫のみ。是非の理、誰かよく定むべき、相共に賢愚なること、鐶《みみがね》の端《はし》なきが如し。これをもって彼の人、瞋るといえども、還って我の失《あやまち》を恐れよ。我れ独り得たりといえども、衆に従うて同じくおこなえ』のお言葉を、つくづく味わせていただくのでございます。

私どもお互いに何ものかに執われております限り（悟っておりません限り）、迷妄のうちにあり、『譬喩経』にありますように、大勢の目の見えない人が象をさわって、象の横腹に触れた者は「象とはごつごつした壁のようなものだ」といい、また尾をさわった人は「いや象は綱のように丸い細長いものだ」といい、また耳に触れた人は「板のようでぺらぺらしたものだ」と、お互いに自分が正しい、「自分が触ってたしかめたから絶対正しい」と、他を非難し争ったという喩えのように、私たち日常のことも、大同小異このようなことばかりではないかと存じます。

現に科学が進み、新しい発見・発明がなされ、今まで正しいとされていた理論がくつがえされている例は、たくさんあるではありませんか。これらを考えまして、私の言っていること・考えていることは正しいと主張しがちな私なども、お恥しいばかりでございます。

いろいろ述べてまいりましたが、「言うは易く行うは難し」で、解っておりましても実行いたしますことはなかなかむずかしいことでございます。要するに、み仏の大慈悲により、今を生かされている私たち、一瞬一瞬に新しく生まれ変わっている私自身やすべての方々、すべてのものの尊い不思議な命に感謝して、身も心もみ仏にゆだねまつり、み仏に投げ入れお任せし切って、御恩報謝の心持ちで、ただただ人様のためにと、今の瞬間を、真面目に有意義に過させていただければ、それでよろしいのではないでしょうか。

そのような生活は、水上の波紋のように拡がり、私たち一人一人の悦び、幸福のみでなく、家庭を、そして社会を明るくなごやかにしていくものと存じます。そしてこのような常々の心がけによって、死がいつ訪れようとも、悔いのない生活が出来ますことと信じております。

真実の私

今日は「自分」というものについて、皆様とご一緒に考えてまいりたいと存じます。「本当の自分」「自己」とは一体どういうものでございましょうか。むずかしく考えますと、哲学的に、中世のドイツ神秘主義者のマイスター・エックハルトの「我あり」といったことや、近世ヨーロッパ哲学の祖といわれるデカルトの「我思う故に我あり」などを比較して考えを進めて行くことも面白いのですが、ここでは平易に常識的に宗教的に考えてみたいと思います。

私たちは、どのくらい「本当の自分」を知っておりますでしょうか。私たちは日々の生活の忙しさなどに追われ、その本心、真実の心をたしかめてみることを、忘れてしまっているのではないでしょうか。積み重ねられた知識によって、自分はこういうものだと勝手に思い込み、自分という「殻」を作り、少しでもそれより悪くいわれると腹を立て、自分を少しでもよく見せようと、虚栄、見栄、外聞と、そして一時の快楽を貪り、利益を得るために、うそ偽りのベールを幾重にもまとい、そしてそのベールをまとっていることにさえ気づかずにいるのが、人間のすがたではないでしょうか。

他人のことはわりによくわかり、批判もいたしますが、自分のことは案外解りにくいのではないでしょうか。一番上の表面的なベールを自分と思って、大切にしておられる方が多いように思いますが、このベールは表面にあるだけに、他人との接触などにより一番取れやすく破れやすく、少しつき合っていると、そのベールの下がちらちら見えて来るようです。本人は絶えずこのベールを破れぬよう必死で、また少しはげかけるとあわてて上から上へと着せていきます。案外自分自身も、その一番上だけを見て「自分ほどよいものはない」「自分ほどこの世にすぐれた人はない」とうぬぼれているのではないでしょうか。そうであればこそ、ちょっと他人に注意されたり、短所でも指摘されると、ふくれたり怒ったり気を悪くすることになるのでしょう。

童話に裸の王様というのがあります。贅沢でおしゃれな王様が、あらゆる豪華な衣裳を着尽くして、もっとすばらしい衣裳がないかとおふれを出したところ、世界一すばらしくまた不思議な布地があるとのことで、それは正直な心の美しい者にだけ見えるという物で、早速に持って来て王様にお目にかけました。これでございますと商人の差し出す手の上に、王様は何も見ることが出来ませんでしたが、見えないのは自分の心がきたないからだと思い、見えないことを言うのは恥だと思って、「おお、これはなるほど、すばらしいものじゃ、早速に仕立てるように」と言いつけました。

ほどなく仕立て上ったというので、袖を通してみると、家来達も「何とすばらしいものでしょうか」と口々にほめそやすので、王様自身には見えなくても得意になり、早速新調の衣裳の披露といって町中をねり歩くことにしました。町中の人々は王様の立派な不思議な衣裳を一目拝見したいものだと沿道に集りました。やがて王様が大勢の家来を従えて通りかかると、人々は裸の王様を見て、信じられない思いで目をこすりながらも、「おお、何とすばらしいことか、なかなかご立派なものだ」とほめそやしますので、王様はますます胸を反らして歩いて行きます。ところが、そこに並んでいた子供達が、「わあ、王様は裸だ、裸だ！」と大声で笑い出したので、王様は自分の裸に始めて気づき、あわてて王宮に引き返したということです。このお話など、他人事として滑稽に感じますが、日々の私たちの生活も、見る方が見られましたら実に滑稽なことでしょうと思います。

他人は蔭でこそ悪口を言い批判をしても、面と向ってはお世辞を言いほめてご機嫌をとり、なかなか本当のことは言ってくださらないものです。また私たちは嘘と判っていても、ほめられるとやはり嬉しいものです。ついお調子にのり、それが本当と信じ込んでしまうのです。そして、たまに真実をありのまま注意してくださる方や、厳しい教示をしてくださる方を避けたり反対して、率直に受け入れにくくなって来るのです。この寓話のように、みにくい内実をさらけ出しながら、自分ではその上に、皆からほめられる美しいベールをまとっているつもりになって、とくとくと肩を張って歩いているのです。

しかし、人様の正直な注意こそ、その時は針でさされたように痛く、腹の立つことがあったといたしましても、それこそは正しい忠告であり、自分を反省し、本当の自分を見つめさせてくださる、何よりも有り難い言葉なのです。「自分は人から注意されるようなところもないし、またあっても自分で知っているから、人から何も言ってもらわなくても結構」と言われる方もあると思いますが、そのような方こそは、自分では気付かずに、ベールをしっかりと自分で抱きしめて、誰にもさわらせまい、中をのぞかせまいと力んでおられるのではないでしょうか。

親鸞聖人は『歎異抄』で、「善人なおもて往生をとぐ、いわんや悪人をや」と言われ、また法然上人は、「身を愚鈍になして、ひたすら念仏すべし」とおおせられ、またキリスト教の聖書にも、「心のまずしき者は幸いなり。その人は神を見るであろう」と記されておりますが、宗教とはすべてこの幾重にも覆いかぶさったベールをすっかり脱ぎ捨てて、謙虚になり、常に迷いや欲望による苦しみの人間、悪心をおこしやすい心をむきだしにさらけ出して、よく見つめ反省し、懺悔しつつ、なおその欲望、迷いのベールもはらいのぞき、その奥深くにひそむところの真実の人間の本性、本心をさぐり、追求していくものではないでしょうか。

自分自身を知るということは、何よりも難しく、また大切なことでございます。まず、ベールに包まれた「自分」から外へ出て、客観的に第三者の立場に立って眺めて見るということが正しい評価であり、自分を知る第一歩と存じます。これには、自分に対して厳し過ぎるほどでちょうどよいのではないでしょうか。私たちは自分に対してはどうしても甘く評価しやすいものです。中国の賢人王陽明も「山中の賊を破ることは易く、心中の賊は破り難い」と申しております。

私たちは苦しいこと、嫌なことなどがあると、自分を省みることをせず、すぐに他人のせいにし、また社会や環境のせいにして非難し、それで正しいと思い込んでおります。

簡単な例で申しますならば、まわりがやかましくて勉強が出来ないからと静かな所に移って行く人は、静かな所がどうしてもない時には、勉強を放棄するより仕方ありません。人格のいまだ形成途上にある子供は、何よりも環境が大切なことは申すまでもありませんが、大人は環境を変えるのではなく、どんな環境におかれても、のり越え処していける、忍耐力、性格を身につけることが大切なことです。やかましい所でも勉強出来るようにすることが肝腎だと思います。自分の心の持ち方をかえることなく、ただこの現実の世界に清浄なる仏国土をさがし求めるならば、生きることを放棄する以外はないのではないでしょうか。

弘法大師は『般若心経秘鍵』に、「真如外に非ず、身を棄てていづくにか求めん」といい、『維摩経』にもその「仏国品」に、「その心浄《きよ》きに随って仏土浄し」といわれております。これらによっても自心の大切さを知らされます。まず自分自身の「心」をありのままに見つめ、そして正し、ととのえていくことだと存じます。悟りは心の中にあり、自分の心のままを知り、その正しい目で、ありのままの世の中を、正しくありのままに見ることが肝要です。

弘法大師はまた『大日経開題』で、「仏に成ったということは、正しい悟りを得、正しい智慧に働き、現象に動かされず永遠の命を備えるということで、言い換えれば、天然自然のあるがままの姿になったということである。全く新しいものが作られるということではない」とはっきり言っておられます。

では、ベールの下の「本当の自分」とは何でしょうか。見せかけのうわべのベールは、人によりあらゆる面において、自分という殻によって、その厚さ、色、形、質など、さまざまかもしれませんが、これを取り除きますと、その人は、人間として生きる根本的な迷いの、もう一枚のベール、一般的に申しますならば、動物的に共通な自己保存、種族保存の本能による食欲、愛欲などあらゆる欲望のはげしさ、時には人をも殺しかねない渇愛、怒り、魔性がひそみます。――これらは、その奥の真実の自己を知らない愚かさ、つまり迷いのベールを覆っているもので、この迷いのベールの奥にこそ、仏教で「如来蔵《にょらいぞう》」と申しますが、本来の自分すなわち仏心、仏性《ぶっしょう》なる真の自己が蔵されているのです。

こうお話いたしますと、何かその欲望、迷い等のベールをなくしてしまわないと、自己を見ることが出来ないように思われる方があるかと思いますが、この仏心、仏性のみ真実で、上のものはあくまでも本当は実在しないベールなのです。すき通った薄い仮り物であり、私たちは勝手にベールが自分であるかのような気がして、一生懸命にこれにこだわっているだけなのです。ベールを仮り物と知り、本当の自己に気付き、自己を真実に見つめたならば、自己の光は美しく輝き、灰色のみにくいベールも、そのままそれは真実の光によって、黄金の後光のように輝いてくるでしょう。

「真実の自己」それは無相無為、清浄で時間空間を超越し、何の分別（価値、反価値や善悪）もなく、柔軟《にゅうなん》な無碍《むげ》自在な心で、それは仏であると同時に、その時々に全ての事物になりきることの出来る、自由・自在な心ではないでしょうか。結局、三昧、何かに集中している時の無我の心です。『華厳経』では先ほどの「三界唯一心、心外無別法」の次に「心・仏及衆生、是三無差別《ぜさんむしゃべつ》」とあります。

『般若心経』に「色即是空、空即是色」とありますように、全てのものにこだわりなく、執えようなく常に変化し、春咲く花を冬の枝にさがしても、それは見つけることは出来ません。しかし、全然ないのではなく、その可能性がどこかにある筈なのです。人間、私たちの生まれる前はどこにあるのでしょう。また、父母未生の時は？　このようにその根源を尋ねると、空・無であると同時に、とらえられない真実、全ては絶えず移り変りつつ、大宇宙はそのまま事実として、現在その姿を現わしているのです。矛盾はそのまま真実なのです。不平等のままが平等なのです。

あらゆる草木はそのまま美しい調和の美を現わしております。桜は桜なりに、百合は百合なりに美しいのです。『阿弥陀経』にも、極楽国土の功徳荘厳《くどくしょうごん》の成就されているさまを、「池の中の蓮華、大なる車輪の如し。青色には青光あり。黄色には黄色あり。赤色には赤色あり。白色には白色あり」と説かれております。ダイヤモンドも磨いてこそはじめて美しく輝きます。金の光を見て羨ましがることはないのです。白金は白金なりに、銅は銅なりに。銅が金になろうとしても、それは無理なことであり、かえっておかしなものとなり、銅の光はあらわれないでしょう。

私たちも、過去の聖人の、その通りの真似をする必要はないのです。私たちの個性を充分生かし、また今置かれている立場、身の上を最高に生かし、その時その場のその人の、一番あるべきように在ったらよいのです。私たちは自分の力で生きているのではなく、大宇宙・自然のままに生かされ、また人様のおかげで生きているのです。

お釈迦様は「これあるに縁りて彼れあり、彼れ生ずるに縁りてこれ生ず」と、お互いの相依性を説いておられます。私たちは大きな大きなつながった網の、一つの目のようなものであり、全てのあらゆるものと互いに結びつき関係しているのです。

そして私は、このように思うのです。全てを包んだ大宇宙がみ仏（法性法身《ほっしょうほっしん》）であり、私たち個々は、その内臓――つまり胃なり腸なり、あるいは一つの筋肉のようなもので、私たちは大宇宙の動き、すなわちみ仏のみ心のままに、自然法爾《じねんほうに》のままに、その与えられている使命を、安心して十分に遂行していけばよい、というように思うのです。肩をいからせ力む必要もなく、戦う必要もなければ、競走する必要もないのです。すべてが、皆が同じ私であり、み仏の一部であると同時に、うそもいつわりもない、み仏そのものなのです。

そうなると、AさんもBさんも、家も木も月も太陽も私なのですから、私の行い、欲求願望は自分のためでなく、おのずから全世界、全宇宙の幸福、平和に向けられ、そのために泣いたり怒ったりもする博愛、慈悲に変ってきます。つまり、先ほどの自己のまわりの欲望のベールは、これによってこのように美しく光り輝いてくるのです。

これを仏教では、煩悩即菩提、迷いがそのままさとりと申しまして、結局、煩悩つまり欲望やいかりなどをなくさなくても、それはそのまま、あらゆる人々を救って喜びを与えたいと願う心、有用な菩提心に変わっていくことが、お解りいただけることと存じます。

このように迷いを転じて悟りを開いて、真実の自己が見えてまいりますと、見栄、虚栄などのベールとして色をそえておりました、いろいろ学んできた智識・教養も、単なる小さい個人のためのものでなく、全人類、世界中の真《まこと》の幸福のための智慧となって働くのです。この全てを正しく見る智慧と、すべての人々の真の幸福を願う最高の愛、すなわち大慈悲こそが、み仏すなわち仏心なのでございます。

くり返しますが、このように私たちは仏心を内に持っており、また常にみ仏と共にあり、すべてのおかげで生かされているのでございます。むりをして一生懸命にベールをかぶる必要はないのです。

自分という見せかけの虚栄のベールをかぶり、美しいつもりでとくとくとしておりましても、他人から見ました時、実際こっけいなのでございます。「知らぬは本人ばかりなり」という言葉もございます。

力を入れて、必死にベールが飛ばないよう、破れないようにおさえていることは、本人にとっても決してこころよい筈はありません。人にそれを破られ、けがされたといっては瞋《いか》り、破れないかと常に心配、不安、そしてまたそれによる不満、取り越し苦労など、考えても次から次へと、そのベールのための苦しみが出来、上へ上へとかさなって重くベールがのしかかるだけです。

そんな苦痛の種の重いベール、見栄、外聞、利養その他あらゆるベールは、きれいさっぱりと取り除き、赤裸々にむき出しの自分になって、お互いに真実と真実で交わりたいものでございます。

ベールなどかぶっていないと思われる方も、もう一度、み仏の前ででも、常に素直な天真らんまんな自分であるか、静かに反省していただきたいと存じます。そしてもっともっと「内なる自分」「真実の自己」を求めていきたいものでございます。

ベールを取り除き、心の窓を思いきり大きく開くとき、新鮮な空気が流れ込みます。そしてこの何ものをもまとわない執われのない赤裸々な、ありのままの心となって、み仏の自然のまま（大宇宙、自然法爾）にすべてをお任せした時、おのずから心は常にやすらかになり、「内なる真実の自己」も見えてくるのだと存じます。

そして、頭の中で理屈で解っただけではいけませんが、本当の自己の自覚こそが、お釈迦様のお悟りでございます。一日中どんなに忙しくても、いいえ、忙しければ忙しいだけ、少しの時間でも静かに座って、自分自身を正しく深く見つめていただきたく存じます。

さらさらと流れる水

以前に、テレビで「柔」という番組を放映しておりました。私はこれを見るのが楽しみで、毎週その時間になると、テレビのスイッチを入れておりました。ドラマとは思いながらも、善人、真実が最後にはかならず勝つ痛快さと、それ以上に、真実に向って進む気力の激しさ、どんなに苦しめられ、恥辱を受けながらも〝人に勝つより自分に勝つ〟信念と忍耐の強さなど、私たちの生きる道を数々教えられるようで、見終った後、何か自分自身が引き締められ、励まされるような気がするのでした。

これに「鉄壁の不動心」という言葉がよく使われております。不動心といっても、それは、相手に対した場合に、相手の目なり手なりの一点をみつめて動かないというような心ではないようです。どことい って凝視することなく、どこにも力がはいらない、動きのある自由な心をいうのであり、それによって、いつどんな相手の攻撃に、また隙に対しても、自由に取り組み、わざを移して行ける柔かい心で、その心を、信念を貫き、わざを磨き、道をきわめる不動の心というのだと思います。

動にしてはじめて不動であるという、この矛盾した関係、この動と不動について、私自身深く考えさせられました。不動心と動心の関係は、私どもの人生においてはどのようなことなのでしょうか。

私たち人間には、確かに不動心が大切です。人生において、これと定めた初心、信念を、目標に向って貫くためには、どのような環境にも振りまわされることなく、いかなる障碍をも乗り越えて行く不動の信念が必要です。

しかしここで、この不動心というものを、細かく分析して考えて見るならば、実際的にはどのような心をいうのでしょうか。それはやはり、どんな境遇や相手にも順応して行ける柔かい心・ゆとりのある動きのある心ではないでしょうか。

三味線や琴の糸は緩んでいてはもちろんよい音は出ませんが、あまり張り過ぎると切れてしまいます。熱した鉄棒は好みに合せて折り曲げることが出来ます。また水も器にしたがって、その形を自由にかえることが出来ます。

天地の大自然は、四季折々にその様相を変え、ひとときも留まることなく、絶えず移り変わっております。そしてその中にあって、社会状勢も絶えず変わり、歴史も新しく創られつつあります。私たち個人は、この自然界に包まれ、そして社会的世界、歴史的世界の一員として、その自然・社会・歴史の制約を受けながら生きているのです。

私たち自身、個々の生命を考えてみましても、今こうして呼吸をしている私は現に生きておりますが、昨日といい、今少し前といい、過ぎ去った時間はすなわち過去の生命であり、二度と再び取り戻すことは不可能です。それはもう、死んでいる生命なのです。また明日といってもそれはまだ来ていないので、現にこうして筆を執っていても、今すぐ心臓発作で倒れるかもしれず、また急にどんな事故がおこらないとも限らず、一寸先のことは全く未知であり、生きられるかどうかさえ解らないのです。

厳然としてあるのは、今この一瞬一瞬の生命だけなのです。ですから「今この時」と振り返ると、もうそれは既に過去となり、過去の死骸・幻・影であるにすぎないのです。このように、私が生き続けているということは、前の瞬間の私が死に、なくなりつつあり、ただちに、次の瞬間の私が生まれるという、生死が共にあり同時に行われるということです。ですから、私たちの生命は年をとっていつか死ぬでしょうというようなものではなく、このように生即死を、一瞬一瞬体験し、死に直面しながら生きているというのが現実のすがたなのです。

このように、総てが絶えず変化し流転しているこの大宇宙において、私たち人間は、往々にしてこの流転変化に気付かず、また知ってはいてもすぐに忘れて、いつまでも生命があり、総てのものが常に変らないもののように思い込み、自分という枠に閉じこもって、その小さい狭い中から物事を判断し、いつまでも過去のことに執われ、こだわっているのです。

それは例えば、鏡に写った鬼の面——つまり実物でない影、幻を実物と思い込み、いつまでも眺めて怒り、こわがっているようなもので（これも本当は、鬼の面を写し出す自分に原因があるのですが）、それはまた、進行中の汽車の窓から眺められる景色や、また映画の一こまを凝視して、変わらせまいと必死にもがき苦心するようなものではないでしょうか。

例えば、私が川を流れる一滴の水といたします。海へ流れ下って行く間には、いろいろな水と道連れになります。荒いごつごつした水の粒子、きたない濁った水の粒子など、さまざまなものが隣りで話しかけます。また岩にぶつかり、木の根、草の根にひっかかり、強い風にたたかれて、痛い悲しい目にもあいます。またある時は、柔かい草に撫でられ、いつまでもそこにとどまっていたいと思う時、他の水の粒子達の抵抗の何と大きいこと、直ぐに元の流れに引き戻されてしまいます。

何という苦しい水滴の旅でしょう。私という粒子の殻に閉じこもり、私はこう行きたい、こうでなくてはならない、きたないの綺麗の、悲しいの楽しいのと、いちいち分別し、「私」というものにこだわっているから、このように苦しいのではないでしょうか。大海に向ってゆうゆうと流れる川の流れ全体が私であり、もっと大きい自然全体が私であると気付き、たとえ水の一粒子でありましょうとも、流れるまま行くままに任せるなら、それは楽しい水の旅ではないでしょうか。

この水のように、ああではいけない、こうでなくてはいけないと、頑《かたく》なに執われた不動の心は、一々他と反発し合い、かえって他に振りまわされる結果となります。しかし常に自由に流れて行く動心こそは、どのようなものも自分の中に包容し融合してゆくことが出来るのです。そして常に水が絶えることのない美しい川（不動）は、この流れる水（動）あればこそなのです。ここでもやはり、動にしてはじめて不動といいえるのです。

仏様のことをサンスクリットでは、タターガタ（tathāgata）といいますが、これはタター（tathā）は「その如く」「自然のまま」の意で、ガタ（gata）は「去る」という意味に解釈されます。またタターを「如」と、ガタを「来」とも解釈して、「如来」つまり、行ったり来たり総てがそのままであり、善悪価値の判断を絶したところ、本当にそのあるがままのところを意味しているのです。すなわちこの大自然の移り変りのありのまま、人間が生かされているありのままを、真実に見つめ理解することが出来るならば、この大宇宙そのままが仏様の御心であるということです。

私たち人間は、このみ仏の大慈悲に包まれながら、それに気付かず、自分という小さい枠を作り、これに閉じこもり、執われ、勝手にもがき苦しんでいるのです。あるがままを感謝して生活するならば、そこはみ仏の世界であり、極楽浄土であります。私たちは私たちの愚かな経験の少ない小さな分別で判断して、一見不幸な悲しいことのように見えておりましても、自然の立場、大きなみ仏の立場からいたしましたならば、それは私たちに反省を与え、戒め、真の幸福に至らせるための手段でありまして、不幸どころか、かえって喜ぶべきことなのです。

私たちにもわかる明らかな例では、車が故障したために乗れなかった飛行機の墜落を後で知るとか、また貧しい逆境に育ったり、または長い闘病生活によって、かえってみ仏の教えにふれ、人生の真実の幸福を得ることが出来たなどのことがあります。私たち人間は、長い人生を過ぎて、やっとそのことに気付き、あの時は恨んでいたが、今となっては有り難いことだったと感謝する人もある一方で、また最後まで有り難い大きな恵みに気付かず、不平不満の中に人生を終える人もあるのです。

大死一番、生死事大と申します。また「百尺竿頭に一歩を進む」ともいうように、百尺もある長い竿の天辺《てっぺん》から、なおそこに留まることなく、もう一歩を前進するのです。自分の力、個人の考えでしゃにむに、ああでもないこうでもないと、落ちるまいともがくのではなく、その八方ふさがりの天辺から一歩前進し、飛び降りるのです。自分という枠を破り捨ててしまうのです。総てを仏様に、大自然のままにお任せするのです。

このあらゆる制約を受け百方塞がりの人間、宿業などによって身動きならないようにみえている「不動の人生」が、その自分を捨て去った時、はじめて自由自在の無障無碍の「動のゆうゆうとしたすばらしい人生」に変わるのです。

せっかくいただいている、この一瞬一瞬死に直面した有り難い生命を尊重し、最善に有意義に感謝して生きることこそ、大切なのではないでしょうか。

聖徳太子様は、「世間虚仮　唯仏是真」とおおせられました。この世間は結局、自己の概念にとらわれた世界であり、執着の世界、迷いの世界であり、実在でなく仮空のもの、すなわち虚仮の世界であります。この自己を捨て去った「我」のない世界、み仏に包まれ、自然のまま、総てありのまま、その瞬間瞬間を感謝して生きる世界こそ、これがみ仏の世界であり、真実の世界なのです。このみ仏の真実の世界を求めて生きるように、とのお言葉でございましょう。

このように小さい自分の枠を捨てて、柔かな心、動きのある心で過してこそ、常に小事にこだわらない大きな心、総てを包みゆるす豊かな明るい慈悲の心となり、生かされている感謝、よろこびが充満し、またみ仏に総てをゆだね守られている安心感、よろこび、やすらかさは、不動な心であり、これこそ、ある目標に向っていかなる障害をも乗り越えることの出来る「鉄壁の不動心」ではないでしょうか。

人と摩擦を生じ、対立し抵抗を感じた場合、反省してみますと、かならず私という枠、相手をさえぎっている何ものかがあることに気付きます。それは大抵の場合、自分は正しい、こうでなくてはいけない、こうあるべきだと自分を固守し、相手の言い分を自分なりに判断していることが多いと思いますが、これを考えてみますと「泥棒にも三分の理あり」で、相手には相手なりの理屈があるのです。

この時こそ、自分という枠を打ち破らせてくださるための、相手はみ仏の化身なのです。自分が勝手に正しいと思い込んでいる理屈を押し通して相手に勝つことより、その頑なにとらわれた自分の自我、「枠」と闘って、これに打ち勝つことの方がよほど大切なことであり、このための絶好の機会を与えていただいているのです。「人に勝つより自分に勝つ」――自我との闘いのむずかしさを感じながらも、総てと対立抵抗をなくし、み仏の大慈悲に包まれ包み、心から融合和合していきたいと思うのです。

岩もあり木の根もあれどさらさらと
　ただささらさらと水の流るる

甲斐和里子女史の読まれたこの歌のさらさら流れる水のように、柔かい心で過させていただきたいと、改めて念ずるのでございます。

黙笑

玉ちらしみ山にかかれる大滝を
　鯉のぼりゆくめでたき新春

今年こそは、何かよいことがありますように、と未知の年へ期待をかけ、今年はああもしたい、こうもしたいと、毎年元旦になると、希望と夢で胸をふくらませます。やはりいつまでも夢を持ち、たとえ実現は出来なくとも、それに向って努力してゆくことは楽しく、生活にも張りが出るというものではないでしょうか。

私の大きな夢は、世界仏国土化運動とでも申しましょうか、現代の利己主義で乱れた闘争・黒い霧の世の中を、少しでも早く光明平和な楽園にしたいと念ずることです。

昨年秋のことでした。前大徳寺管長様に参禅しながら、ひたすらに能を舞い、また多くの子弟を育てておられる方におめにかかりました。その方は管長様から、「貴女は観音様です。常に黙笑していなさい」と云われて、黙笑大姉の戒名を授かったこと、そして「もっともっと苦しみなさい！　苦しみなさい！　しかし心配してはいけませんよ」と云われたことなどを、嬉々として語られました。これを聞いておりました私は、大きな力で何かに打たれたような思いがいたしました。

「黙笑大姉」、それは何とよい名ではないでしょうか。本尊様の一名でもあるように思われます。私は常に、この微笑んでいらっしゃる本尊様のお側で、お恵みを受けておりながら、何となく有り難いと思うだけで、黙笑ということを深く考えてみることもしなかったのです。本尊様がその方を通し、その口をかりて、私に語りかけ、目を覚させてくださったのです。

何事もただ黙って微笑み、感謝して有り難く受けてゆくということは、なんと尊いことではないでしょうか。私どもの生活の中には、悲しいこと、苦しいこと、嬉しいことなど、さまざまなことが往来します。昔から格言に「艱難《かんなん》汝を玉にする」とあり、また

「苦しみの中の苦しみを受けざれば、人の中の人となること難し」とも云われますように、私ども人間の成長は、体験を通してこそなされ、本当に人の心が解かる人となり、人としての大きさ・豊かさ・尊さをそなえることは、この苦しみなどのあらゆる辛酸をなめてこそ始めて具わることが解かります。

「失意の時は端然たり、得意の時は泰然たり」と勝海舟も云われましたが、どのようなこともみな、み仏のお恵みであり、試練であると感謝して、後に続くしあわせ、よろこびと向上を信じ、安心して苦しみの真っ只中に飛び込み、静かに黙笑して耐え、克服してゆけることは、どんなに仕合わせなことでしょう。

その方はまた続いて、一つの動作・舞いにもそれぞれそのもの、その心になり切ることの難しさや苦心について話され、胡蝶の舞の時などは幾週間か苦しんだ末、ある展覧会で一つのピカソの絵に引きつけられ、数時間もその絵の前に釘づけにされたように佇み、ついにはそれが胡蝶の羽ばたきとなって動き出し、そして舞台で舞っている時、ピカソの蝶が現われ、夢中で舞って成功されたことなど、芸一筋に生きる苦しみ、悦びを楽しそうに話されましたが、一つのことに徹し、真剣に生きておられることに、涙の出る思いがいたしました。

私たちの人生、日々同じようなことの繰り返しとはいいながら、今日只今は再び来ないということを思う時、些細な日常生活にももっと心を添え、在家の方ですらこのように真剣に芸を求め、道に生きておられることを思い、出家者としての私は、もっともっと絶えず自己を磨き、鞭打ち、現代の方々は何を求めておられるのか、どうすればそれに応え、本当の仏教――人々の心の支えとなり、人として真実に生きる力となるみ教えを、皆さんに知っていただくことが出来るのかを真剣に考え、取り組まねばならないと反省させられました。

自分を主張する前に、まずお互いに相手の立場、考えを理解し、譲り合い、尊敬し合い、いつでもどこでも、何に対しても微笑みかけ、総てを感謝で受ける生活、明るく争いのない世界、光明平和な楽園をひたすらに念じて、今年こそは「黙笑」を、心に、身にいただいて、私のこの夢の万分の一でも実現の道が拓けますように、私の力の限りに励ませていただきたいものと張り切っております。

許される道

心こそ心まどわす心なれ
　心に心こころゆるすな

という歌がありますが、私どもは、自分を中心にして物事を考え、自分の経験にもとづいてある一つの概念を作りあげて、その目ですべてを眺めるために、人との交わりにもお互いに考えが行き違うことがあり、自分だけが正しく、相手は間違っているように錯覚して、相手を傷つけ、自分もいやな思いに苦しまねばならないことが多いのではないでしょうか。このことについて、私の犯した間違いの一例と、それによって気付かせていただいた体験をお話いたしましょう。

当寺では、いろいろな方から尼僧志願についてよく問合わせのお手紙を頂戴いたします。昨年の秋でしたか、「高校生の者ですが、出家したく思います。何か資格なり規則があるのですか。日々の生活はどのようなものか教えてください」という文面のお手紙を受けましたので、その返事を書いて出すことをA尼に依頼したのでした。

するとA尼は、早速その返事の下書きに、「尼僧を志願のご様子ですが、文面にご両親の承諾の有無がありませんが、いかがなのでしょうか。ご両親と相談くださり、ご承諾いただかれたうえで、今一度お手紙ください」と記して持参いたしました。

「まあ早いこと、どうも有り難う」とは申しましたものの、本人の尋ねていることに全然ふれず、親の承諾を求めるのみの返事に異議があり、「親の承諾ももちろん大切だけれども、やはり本人の意志が大事なのではないかしら、うわついた憧れのような一時的な気まぐれでは困るから、心構えや日常の厳しさなどを知らせてあげた方が良いでしょう。そのうえで、両親とも相談されたらよいことだし……」と、本人第一主義の意見を述べましたが、A尼は両親第一主義をゆずりません。

以前、尼僧志願のしっかりした心構えで、富山県の人から手紙があり、数回文通したうえ、面接に来てもらったことがありました。その折り、一緒に来寺された母親が、「この娘《こ》は、はじめにお手紙を差し上げました時は、私どもの知らない間に勝手に出しておりまして、本当に失礼なことで、私どももはじめは出家することに反対で、この娘が気でもおかしくなったのではないかと、あちこちの病院に連れてまいりましたが、何ともないということで、本当に真実を求める気持らしく、意志も堅く、とうとう負けてしまいました」とおっしゃって、今の若い人達が、外面の一時的な享楽のみを求めることの多い中で、この心掛けの良い娘さんの心を、多少はいぶかりながらも、喜んでおられるようでした。

この時もA尼は後から、「あのお母さんは継母ではないでしょうか。あのようなことをおっしゃって」と言い、「親の許しも得ないで、勝手に自分の思うように手紙を出したり、また親の反対を押し切ってまで、出家したいというような人の入寺は、私はどうしても認めることは出来ません」と、あくまで反対しました。納得したからこそ、わざわざ富山からその娘さんを、面接に連れて来られたのでしょう親の心、そしてまた、自分が進みたい道、学校なり就職なりも自分で定め、あるいは試みに親に無断で受験などして実力を確めたい冒険心や、それによって事後承諾なりを受ける自主的進取的な若い人の気持を説明しましたが、どうしても解ってもらえなかったことがありました。

今またその時の話になり、親子の愛情や昔と今の人の考え方の相違など、A尼との話合いはあくまで平行線をたどるばかりでした。するとA尼は「私は親から愛情をかけられたこともありませんし、親の愛情、心持ちなど解りません。私自身悟ってもいないのに、人のことまでお世話し、救ってあげることは出来ません」と云って、怒って行ってしまいました。

私は一人とり残され、日頃、話し合っている時は何かにつけて理解があるのに、実際問題になると、やはり理論と感情は別なのかしら。親心のことはいろいろと小説にも書かれ、テレビドラマなどでも放送していますが、親は子供が可愛ければこそ、真の幸福を念ずるために、反対もし怒りもするので、はじめはどのように反対しても、子供がそれによって本当にしあわせになれば、いつかは許すものです。

また、口では怒り、勘当までしていても、心では許し、しあわせを念じている親心、淡白に割り切ることの出来ない親子の愛情を、どうして解ってくれないのかしら。尼僧の生活は、外面的客観的に見て、在家の生活と違い、着飾ったり遊んだりして楽しむことのない禁欲の生活で、見方によっては可哀そうにも不幸にも見える生活を、まことの親が、一も二もなく大賛成することがあるでしょうか。

たとえ出家の意義の解った両親でも、ただ、一時的な夢や理想を追って、深い考えや決心がないのではないかと確かめるためにも、一応は反対することでしょう。親が全然反対することなく出家出来る人を待っていたら、この時代にどうしてそんな人が得られましょう。と、尼僧の数が少なくなった寺内のことなどを考えていると、いらいらして気もふさがるばかりでした。

ふと、そんな自分に気付いたのです。「何を怒っているの？　つまらないことで、何を怒っているの？」と、自分自身に問いかけてみましたところ、今まで、あることのとりこになって、自分の立場からばかり一生懸命になっている自分の殻が、不思議に破れてまいりました。

そうです。A尼は父親とはほとんど一緒に生活することなく、また母親にも幼くして死別し、幼い時から入寺して、大正・昭和の封建的な時代に、一般社会より一層封建的で、外部との交渉もほとんどない、ことに格式高い当寺で生活して来たのです。親の愛情とはこんなもの、現代の若い人の考え方はこうと、いくら口で言ってみても、理解出来ないのは当然で、経験のないことはわかろう筈がないのです。たとえ頭の中で多少想像出来たとしても、それはあくまで想像なのであり、実際に体験したこととは違うのです。私も今までいろいろなことにぶつかって、いろいろと聞かされ想像していたことと、実際問題にふれ、体験したのとでは、あまりの大きな違いにとまどったことがたびたびあったではありませんか。

「冷暖自知」といわれるように、冷たいも暖かいも、すべて自分で触れてはじめて知ることで、熱いことを知らない幼児は、燃えさかるストーブをさわりに行き、炎をつかもうとします。すべて本当のことは自分自身で体験し、はじめて解るのです。

たった今も私は、子煩悩の両親の慈愛にはぐくまれて育ち、親と聞くだけでも、幼い頃の温かい思い出で胸が熱くなるだけに、親の愛情を受けたことのない人のことは体験なく、その心がどうしても理解出来なかったではありませんか。でもA尼から、これまで度々幼い頃のこと、両親のこと、またお寺での生活を聞かされて、気の毒なA尼と、心から同情した筈です。その時は本心から同情し、A尼を理解した筈だったのです。

「心はかならずかたちに現れるもの。生活に、行動に現れない心はうそであり、本心でない」と聞きましたが、本当にその通りだと思います。頭の中で、あるいは口先だけで理解したり同情することは、やさしいことですが、本心からの理解や感謝、同情はなかなかなか難しいことのようです。その本当の同情、理解が私には出来ていなかったのです。そのうえ、私はもう一つ大きな過ちに気が付きました。私はお斎《とき》の時に手紙を読み、それを直ぐその場でA尼に、「この返事を書いて、出して頂戴ね」と頼んだのでした。これに対してA尼は、食後の休息もせずに早速に書き、またそのまま投函してくださってもよいところを、わざわざ私に見せてくれたのです。そして、それはA尼自身の、自分の正しいと思うところの誠心誠意で書き上げ、あるいは私が満足することを期待しながら持って来てくれたのでしょう。

それを私が、意見が違ったということでこれを咎め、A尼の行為をふみにじっていたのです。私は思わず心の中で、「Aさんごめんなさい」と叫びました。そして気がついてみると、今まで胸の中に、息苦しいまでに充満していたもやもやした心が、すっかり消えて、軽く晴々した気持になり、早くA尼にあやまらなくてはという思いで一杯でした。

相手の立場に立って、はじめて気づかせていただいた自分の大きな過ち、そして今まで私を縛っていた怒りの心から解き放たれた私、相手の心になり許すということは、私自身が許されることであったのです。

これはお恥かしいほんの一例に過ぎませんが、私どもお互いに言い争い、気まずくなるもとは、このように相手の気持ちが解らないための行き違いや、誤解によることが多いのではないでしょうか。それぞれ皆、自分が正しいと思えばこそ、あくまでも主張し合うわけです。

聖徳太子様は『十七条憲法』に、「忿《いかり》を絶ち、瞋《いかり》を棄て、人の違《たが》うを怒らざれ。人みな心あり、心おのおの執るところあり。彼の是とするところは、すなわち我れの非とするところなり。我れの是とするところは、すなわち彼の非とするところなり。我れ必ずしも聖に非ず。彼必ずしも愚に非ず。共に是れ凡夫のみ。是非の理、誰かよく定むべき」と仰せられております。

「人間の値打ちは、いかに相手の心になり切れるかにある」と申しますが、常に相手の心になり切ることのむずかしさをつくづく感じ、体験でなく、見聞し、また考えて、知識、理論として頭の中で解っていても、実際に自分のものとなり、身につき、生活に現われてくることの難しさを感じます時、冷暖自知であり、体験してこそ知る真実の理、それだけにあらゆる経験の必要性を感じ、「苦しみの中の苦しみを受けざれば、人の中の人となること難し」の言葉や、また「人間の成長は、体験を通してこそなされる」といわれることがうなづかれます。

鈴木大拙氏は、「人を理解することは、許すことだ」とよく言われたとうかがいました が、相手の心になり切って許すことは、本当に自分自身が許されることであり、怒りの心から解放され、何ものにも執われず、総てを包んでゆけるひろいゆたかな温かい心であったのです。

例え相手に悪意があり、罵られ辱められたとしても、何か相手をそうさせた原因がこちらにあることを反省し、相手の心になり、怒らせている心、性格、立場に同情すると共に、この罵倒こそ、自分を向上成長させてくださる試金石であり、有り難いみ仏の権化であると思う時、どんな苦しみもよろこんで受けられ、また相手に対しても感謝することが出来るのではないでしょうか。

中宮寺の本尊様は、いつもにこにことほほえんでいらっしゃいます。かたわらで人がけなそうがほめようが、ただだまってほほえんでいらっしゃいます。

それは、総ての人の心の中をご存知で、共に泣き共に喜び、その上での温かい思いやり、いたわり、救いの微笑のお姿でございましょう。この八風不動の慈悲の姿こそ、この尊い本尊様のお姿ではないでしょうか。

今日もまた本尊様の御前に掌を合せ、本尊様のお心を少しでも我が心とさせていただき、いつでもどこでも、何に対してもほほえんでいられますようにと、ひたすらに念ずる私でございます。

こころを耕す

電車の中で「今の世の中はお金ですな」「お金さえあればどんなことでも、出来ないことはありませんからね」という声を耳にした。

科学が発達し、その応用技術により、今や宇宙船は月に着陸して無事に帰還した。また終戦直後は夢のようにしか思われなかったテレビも、今はどこの家庭にもみられる。確かに私たちの生活は豊かになった。そして人は、やれ三Cだ三Vだと追い求める。これらはもちろん、お金（物質）さえあればどうにでもなる。しかし物質だけでは充足されない何かがあるはずである。

昔は、職人かたぎ、武士道精神などといって、財産や物質などというものは第二義、第三義、あるいはそれ以下の意義でしかなかった人が多かった。しかし悲しいかな、今日では、地位や名誉はもちろんのこと、心までお金で買える時代、人の心まで物質の奴隷になり果てた観がないでもないように思えるのである。こうなってくると、人間なり社会のために役立てねばならないはずの科学の進歩によるその成果としての物質に、人が使われ追いまわされている現状ではなかろうか。

ある人はいう。「科学の発達とこれに伴う物質文化の恩恵により、人生の困難な問題はすべて解決される」と。そしてまた「科学的でないもの、科学で実証されないもの、例えば宗教や霊的なものなど、非科学的な、時代おくれのものはすべて排斥されるべきである」と。

それでは科学の力で水を低い方から高い方へ流したり、地球の自転をとめることが出来るであろうか。科学こそは、この大自然の不可思議な法則の一つ一つを探ることであり、この大自然の法則に従い、厳密に計算された結果、宇宙船も月に達することが出来たのではなかろうか。そしていかに科学の進歩がめざましいとはいえ、まだまだ解明され得ない分野の方が遥かに広大で、科学的に証明されていることは、ほんの一部分に過ぎず、新しい科学的法則の設定により以前の証明がくつがえされる事実は、科学の未熟を物語るものであろう。その上、宗教的、霊的なことが科学上不合理であるという証明がなされた事実を、私はまだ知らない。

科学がいかに進歩し発達しようとも、これを利用し応用するのは人間の意志であり判断である。人間にはやはり欲望があり利害関係が内在するからこそ、これが殺人剣として応用されたり、公害、交通禍ともなって現われるのであって、ここにおのずから、科学性、合理性を持ち込むことに限度があることを知らされるのである。

人間の欲望の限りないことを思い、そしてまた私どもは常にかならず「私という小さな枠の中から限られた部分だけの物事を眺め、それだけの判断しか出来ない人間」であることを思う時、全宇宙、大自然、これに含まれる私どもの生命などのすべてが、あまりにも偉大で深遠神秘であり、不可思議な法、真理に、ただただ頭が下がるのである。

文化（culture）とは、耕す（cultivate）、すなわち土に手を加えることによって価値を見出すことであり、原始的生活から農耕生活に至って時間を生み出したことであるといえよう。現代は、機械技術の発達による物質文化の恩恵で、今まで手でなされていたことを機械がこれにかわり、ずいぶん時間の節約になっていると思うが、この時間を私どもはどのように利用しているであろうか。世はレジャーブームとかいわれ、旅行に享楽に、人々は争って欲望の充足に追いまわされているように思えてならない。

この著しい物質文化の進歩に引きかえ、精神文化は果たしてどれだけ進歩しているのであろうか。芸術家、宗教家、思想家においても、釈迦、キリスト、孔子やソクラテスに匹敵するような人が現われないことは、精神文化の停滞もしくは退歩ですらあるのかもしれない。

人間の欲望には限りがなく、物質そして享楽は実にはかないものである。これらをのみ追い求めて、真の幸福が得られるであろうか。せっかく科学の進歩、物質文化の発達によって作り出された時間を、私どもはもっと大切にし、もっともっと心の奥深いところで、崩れることのない何かを求めねばならないのではなかろうか。

み仏に生かされて

今日は私の尼僧としての日々の生活と、それを通して考えますことをお話させていただきまして、皆様方のご批判なりご教示なりをいただけましたなら、誠にありがたいことと、こうして皆様の前に立たせていただきました次第でございます。

中宮寺におきます私どもの日課は、だいたい夜明けと共に始まりまして、この頃でございましたら四時過ぎに起床し、本尊如意輪観音様のみ前でお勤めを始めます。お勤めと申しましても、当寺は現在は聖徳宗ですが、宮様のご住職の時代から久しく真言密教に属しておりましたので、口に真言を称え、手でみ仏の印を結び、心でみ仏を念じ、入《にゅう》我《が》我入《がにゅう》とも申しますが、み仏が我れの心中に入りたまい、我れもまた、み仏の御身中に

天寿国曼荼羅繍帳

入り、その身体、言葉、心などすべて、み仏と一体にならせていただくという有り難い行法でございます。

そしてしみじみとこの有り難い雰囲気に包まれております間に、直ぐに一時間近くの時間が経ってしまいます。次にお位牌堂で読経をいたし、百霊講・妙光会等、ご先祖様のご回向をいたします。御内仏、鎮守様など一通りお参りいたしますと、ちょうど六時になります。それから朝のお小食を頂戴し、後は御堂の朝の行法でお供えした物を新しく取り替えたり、常香炉のお香を盛り、お花やお水などをお供えし、拭き浄め、その後はそれぞれ居間や割り当てのところのお掃除や、だいたいその日の予定にしたがって庭のお掃除や除草、洗濯、片付け物、書き物、来客の応接など、女手でお寺をお守りし、維持してまいりますには、やはりそれ相応の交際も用事もたくさんございます。朝早く起きてお勤めをいたします他は、一般の方々と特に変った生活ではないのではないかと思いますが、それらを皆、本尊様への奉仕、自分自身の修行と心得ていたしております。

夜だけは気分を楽に、なるべく皆それぞれの自分の時間を持つようにいたしておりまして、テレビのニュースを見ましたり、たとえ三十分なり一時間なりでも読書などもするようにいたしております。そして休みます前には、一時間、坐禅と同じようなものですが真言宗では「阿字観」と申しますが、これをいたします。阿字観とは梵字の阿の字を念ずるのでございますが、阿字は大日如来様を表わし、また同時に自分の心を表わすと申し、自心即阿字とか世界万物則ち阿字とも申しまして、宇宙の万物一切は阿字であり、阿字の中にすべてが集約されるとするのでございます。

今日は阿字観の講義でもございませんので、これについてあまり詳しくお話し申し上げる時間もございませんが、弘法大師は「すべての経典はこの阿字一字を説くものである」とおっしゃっており、あれこれとその意義を詮索せずに、ただ無心にもっぱら阿字を念ずる、その実修が大切とされております。つまり自分の心を阿字の中に没入させて、自分が無礙自在の阿字、真如そのものであると観じ、自分の心の阿字がだんだん大きくなるのを感じ、宇宙全体すべてが阿字であり、自分であると感じております間に、自分も忘れ何もかも忘れて座っているのでございます。

ちょっと理屈を述べさせていただきますならば、仏性とか自性清浄心と申しますか、生れながらにそなわっている清い明るい心、煩悩に染まる前の心に立ち返らせていただくわけで、その心と、仏様の自性清浄心と、一切衆生、つまり人も動物も石も木も家もあらゆるもの、この三つ、つまりもう一度申しますと、自心と仏心と衆生と、三心一体で平等、「是三無差別」であることを、理屈でなく観念を通して身体で体験させていただくのでございます。

阿字観の説明が長くなってしまいましたが、一時間ほど座ってから後、施餓鬼をいたし、そして本尊様はじめ、あらゆる方々に一日の感謝の誠をいたしまして休ませていただきます。大抵十時か十時半ですが、原稿など書いておりますと、その後に阿字観をいたしますので、すぐ十一時、十二時になってしまいます。

よくいろいろな方とお話をいたしますと、お寺のことをあまりご存知ない方は「一日中何をなさっていらっしゃいますか」と、まるで一日をもてあましているような、どんなに暢気な生活でもしているかのようにおっしゃいますし、また若い方で出家生活に憧れて、尼僧になりたいと言って来訪される方がありますが、一日中、読経三昧、写経三昧でも期待しておられるのでしょうか、一日生活してみて、これでは今までの生活と少しも変らない、朝早く起きるのがつらいだけだと不平を言って直ぐに帰ってしまわれます。

尼僧と申しても、霞や雲を食べて生きてはいけませんので、お炊事もし、買物もあり、汚れれば洗濯や掃除もしなければなりませんし、お裁縫や片付け物もありで、どうして

どうしてなかなか忙しい毎日でございます。私などは外出の際、乗り物の中を唯一の睡眠時間にあてさせていただき、すぐにこっくりこっくりと始めますので、お供の者に「恰好が悪いです」と叱られる始末でございます。そして自分の不能率的なことは棚に上げて、一日が三十時間ぐらいあればよろしいのにと、そんなことを思う私でございます。

ただ、同じような生活の中でも、在家と出家の違いますことは、その総てをする心持ちが違う、違わなくてはいけないと思うのでございます。一体何のための出家でしょうか。自分の一生をかけて、剃髪して白衣黒衣を身にまとい、快楽を遠ざけてお寺におります以上、何かそれなりの意義ある生活がある筈と思うのでございます。生きるために真剣に、死物狂いで働いておられる一般在家の方々を思います時、「信あれば衣食おのずから具わる」と申しますが、広いお寺に住まわせていただき、生活の心配がありませんだけになおさら、その日その日を惰性的にのほほんと送るようなことがあっては、申し訳ないと思います。

忙しいことが続きます時など、私が眠さをこらえながら夜おそくまで、阿字観その他を二時間近くかかっていたしましてから休みますので、寺内の者たちは気を使って「もっと臨機応変になされた方がよろしゅうございましょう」と申してくれますが、私はそのたびにいつも思うのです。忙しいからといって、朝起きて着替えも洗面もせずに一日中過ごす人がありますでしょうか。人によってそれは異なるでしょうが、物事にはどうしても省略出来ないことがあるのです。そして私はそうした物事を他から強いられてしているのではなく、しなくては気持が悪いと申しますか、ちょうど食事をいたしませんと空腹を覚えますように、何か精神的空腹状態、心の渇きを感じ、み仏を念ぜずにはいられないから念ずるのでございます。

理屈で申しますなら、朝はみ仏に生かされて今日も元気に起きられた感謝と、今日一日もみ仏に包容され、み仏のお守りのうちに、常に誠の生活が出来ますようにと念じ、夜は今日一日の罪よごれを浄めていただき、大自然の、み仏のお守りの中にありますよろこび、み仏に生かされておりますよろこびに浸らせていただくわけでございますが、理屈抜きに、皆様がお母様と、あるいは尊敬される方と少しでも長く対座したく思われるように、私もただ座りたいから座らせていただくのでございます。

その点、私は世界一の本尊様と好きなだけ対座出来る、こんな仕合わせはないと思っております。自分の都合のよい好きな時に、何時間拝んでおりましても、誰からも文句を云われることがないのでございます。

また、忙しくて仏書など繙かない日々が続きますと、何か人間がかさかさになってしまったような気がいたしまして、自分で感じましたことや和歌などを書きとめておりますノートを開いて、たとえわずかでも読みますと、旱魃の田が慈雨に潤ったように、心が満たされます。やはり私自身、身体の栄養と共に、心の精神的栄養が必要であるということをつくづく感じます。

そして、お食事を三度三度いただいて身体の栄養を保ちますのと同じように、心の栄養もまた、今日はすばらしいお話を聞いて深く心に感じたので、もう一週間か十日ぐらいは大丈夫、持ちこたえられるといったようなものではなく、やはり毎日、朝夕に少しでも心の糧としてのみ教えにふれ、み仏に接することによって、常にみ仏に生かされ、包まれている安心《あんじん》（仏教ではこう申します）、つまり安心観をいただきますので、これは、ことに私どもみ仏に仕えさせていただいております者の、何よりの心のささえなのでございます。結局は弱い弱い人間、仏様のささえなしには生きられない私なのだということをつくづく思い知らされるのでございます。

本当に私は、まだまだもっともっと教えていただきたい、導いていただきたいと思うことばかりでございます。このようなわけで、私の読書は学問ばかりではなく、心の糧を得ることが目的でございます。仏教は自己究明の道であり、偉大なインド哲学の上に打ち建てられた思想でございますので、実践体験と共に、学問としての探究もぜひ必要なことは承知いたしておりましても、なかなかそれを窮める素養も、時間の余裕もなく、また、私の独りよがりの解釈かもしれませんが、学問のみに没頭しておりますと、とかく頭の中、口先だけの世智弁聡になって、なるほど立派なことをとうとうと申しましても、実際に生活や行為がそれと相反することになるように存じます。

尼僧である私は、学問や理屈よりも、まずみ仏の心を心と出来る豊かな明るい、黙っていても人様に何かを感じていただけるような人間でありたいと念ずるのでございます。聖書に、「門をたたけ、しからばやがて門は開かれるであろう」というような言葉がありますが、私も一心に念ずればいつかは理想に少しでも近づかせていただけることを信じて、励ませていただいているのでございます。

私は道元禅師の『正法眼蔵』が好きでございますが、その『随聞記』に、こうあります。

「一人の師匠の門下の数、百千人の中に、まことの仏道を得、仏法を得た人はわずかに一人二人に過ぎない。このことを思うと古人の教えている昔からのしきたりで、用心をしなくてはならないものがあるとしなくてはならない。今、これを思うに、それは仏道を究めようとする志のあるとないとに拘わることである。本当の志を起こして分に随って参学する人は、得道得法が出来ないということはないのである。その用心はどのようなものかといえば、何事をも、もっぱらにし、その実行を励んですることであり、それは具体的には次のようなことである。

まず仏道を欣び求める志が切でなくてはならない。たとえば重宝を盗もうと思ったり、強敵を討とうと思ったり、高い容色の人に会おうと思う心のある人は、行住坐臥、常にことにふれ折りにしたがって、種々の事情が変わることがあっても、それにしたがって隙《すき》を求め、心にかけ、心をとぎすましているものである。この心が強く切なるものは、かならず目的を遂げないことはないのである。このように仏道を求める志もまた切ならば、あるいはひたすらに坐禅をしている時、あるいは古人の公案に参究している時、または指導者にあった時、真実《まこと》の志をもって修行している時、どんなに高いものでも射ることが出来るし、どんなに深くても釣ることが出来るのである。

もしこれほどの心が発《おこ》らないのでは、仏道の成就の一念一瞬に、この生地の迷いによる輪廻を断ち截る大きな仕事を、どうして成しとげることが出来るであろうか。もしこの心（道心）のある人ならば、本性が愚かで劣っていても問題ではなく、真理を知らないおろか者であろうが悪人であろうが論ずることなく、かならず悟りを得ることが出来るのである」

とありますが、本当にそうではないかと思うのでございます。人間の能力は特別の場合以外そんなに大差のあるものではないと思います。そして若い間は誰しも一応は夢や理想に胸をふくらませますが、その志の程度と、それによる努力のいかんと、それがいつまで続くかということではないでしょうか。

しかし一心に念じたから、祈ったからといって、そうすぐに理想が実現するわけのものではありません。ここでまた一つ、私の凡夫の凡夫たるところの言い訳のようになりますが「あの人は仏様に手を合わせ、また仏典を読み、法話などもよく聴きに行くのに、一体何を考え、何を祈っているのか。少しも変らないではないか」という声を聞くことがあります。けれども、そう直ぐに理想が実現し、祈りが叶えられるものでしたら、この世は悩みもなく、神様・仏様ばかりのすばらしい世界になっている筈です。凡夫であればこそ、祈っても祈っても理想通りには行かず、またしても罪を犯す弱い人間であればこそ、また祈るのではないでしょうか。

このようなことを考えます時、私は親鸞上人でさえ、「いずれの行もおよび難き身なれば、とても地獄は一定すみかぞかし」とおっしゃっておられますお言葉によって救われるのでございます。祈り、懺悔し、努力するその過程が尊いのではないでしょうか。それゆえにこそ、一生が修行であり、少しずつ少しずつ理想に近づかせていただける努力と、その悦びがあるのだと思います。

このようなことの繰り返しの毎日でございますが、たとえその進歩が遅々たるものでありましても、それはみ仏にお任せすることにいたしまして、今ここ、自分の在るところ、すべてこれ道場と思い、それが一見どんなにつまらない小さな仕事であっても、それをいかに受け入れ、どんな心で行なうかによって、ずいぶん価値ある楽しい仕事に変わるのでございます。

小さいことが完全に出来ないようでは、大きなことが出来る筈がありません。どんなに偉そうなことを云い、また大きな夢や理想を持っていても、今が完全に過ごせないようではだめだと思って、どんな小さなことでもまず実行し、悪いと思ったことは、すぐにその場で悔い改め、次の瞬間瞬間、常に今を最上に、み仏に対していつわりのない誠の生活、そしてみ仏に生かされ包まれている安心のもとに、豊かな明るい感謝の心で日日を過ごさせていただきたいと念じております。

最後に、お寺自体の在り方を一言述べさせていただきますと、お年寄り、若い方々、子供達、皆が信仰によって共に集まり、共に語り、お互いに励まし合える場所であり、あるいはまた、病める人、疲れた人の憩いの場所であるべきであり、明日への希望、心の依りどころ、心の支えとしての本尊様であり、お寺でなくてはいけないと思うのでございます。これから私は何をなすべきかと、本尊様からよいお知恵を頂戴いたしたく、一心に念ずるこの頃でございます。

自分自身を見つめる

お正月になると、いくつになっても嬉しいもので、今年こそはああしたい、こうもしたいなどと、聖人君子のようなことばかり並べたてて考えるのですが、十日頃になりますと、そろそろ地金が出て来まして、人間はやはり仏様のようにはなれないと、悲しくなるのでございます。

戦後、女性と靴下は強くなったとか言われますが、私は昔から、外見からは参政権がないとか法律上などでも女性の地位は低いようではありましたが、女性ことに母親の力は強いというか大きかったと思うのであります。

「偉人の影に賢母あり」ということわざもありますが、歴史をひもとき、また多くの方から直接お話をうかがいまして、立派な人の影にはかならず素晴らしいお母様がおられ、幼い頃からのやさしい励まし、いつくしみ、そして厳しい戒めが深く心に焼きついて、その人の一生を左右していることを知らされるのでございます。また私、かつて十年ほど幼稚園で小さい方々のお相手をさせていただいておりまして、お母様なりお祖母様なりのお心持がそのまま家庭の雰囲気となって、暗くも明るくもなり、それが子供さんの性格となりますことを、つくづく体験いたしております。

あれこれ考えますと、女性の陰の力が社会を動かしているようにさえ考えられ、女性の使命の重大さと共に、女性でなくては出来得ない尊さ、責任の重さを感じるのでございます。子供は純真無垢そのもので、善悪の判断などもちろんありません。ただお母様のなさることをすべて記憶し、何でも見習い、自分のものとして取り入れ、成長してゆきます。我が子のためによかれと念じながらも、人間である母親にはやはり長所も短所もあります。良きも悪しきも総てを見せて示し、子供達に教え植えつけているのが現状ではございますまいか。

聖徳太子様は『法華経義疏』の中で、「信仰の家には良い子が育つ」という意味のことを述べておられます。母親が崇高なみ仏、円満無限無量の慈悲の仏様に包まれ、敬虔に祈り、信心による心の豊かさ明るさの中で、日々生活をなさいますならば、その母の心を通して子供達も、み仏に触れることができ、立派な人格を築き上げることと信じます。

「仏」ということは、すでにご存知のことと思いますが、「ほどける」というところから来たもので、いろいろな悩み、わだかまり、愚痴、怒り、貪りの心など、これらを煩悩と申しますが、この煩悩に心が執われて、くしゃくしゃしている状態からほどかれ、それらをすっかり除き捨ててしまい、何物にもとらわれない澄みきった青空のような晴々とした心持ち、何物も心に残っていない無の心、これが仏の心であり、悟りの心なのでございます。

皆様は、今日はお正月でもあり、きっとすがすがしい気持ちでお寺にお参りになりましたことと思います。「雲晴れて後のひかりと思うなよ　もとより空に有明の月」と、仏国禅師の詠まれた和歌がありますが、もともと私たちの心は仏であり、これを仏性と申しますが、この和歌はこの仏性を月に譬え、煩悩を雲に譬えたもので、雲が晴れてお月様が初めてそこに現れたというのではなく、お月様は元からあったのですが、雲におおわれていて見えなかっただけのことだというのです。私どもも、もやもやした悩みなどに包まれていますが、これは決して本当の姿・実相ではないので、すがすがしい仏性こそが実在・真実であり、私どもの本心であることを詠まれたものであります。

悩み苦しみをいつまでもくよくよと考えておらず、総てを仏様にお任せして心をさっぱりと空っぽにすることです。月の光が皓々とさす時、雲もまた金色に輝くのではないでしょうか。

私たちの心は写真機に譬えられることがありますが、写真機のレンズはどんな小さなレンズでも、世界中のあらゆるものが写ります。写そうと思うところが写せます。そして、五重塔を写したからといってそれがレンズにいつまでもあとがつくのではなく、次のものを写せばまた次のものだけが写ります。なぜこんな小さなレンズに大きなものが入るのでしょうか。それはレンズが無であるからです。

私たちの心もそれと同じことで、心に執われがなかったならば、総てそのままありのままにうつるのですが、私どもはどうしても既に過ぎ去ったことに執われて、あの時あんなことがあったとか、あの人はあんなことを言ったとかとなってしまいます。あの人はあんな人だからという色メガネをかけてみると、その人がいよいよ嫌いに映って、ちょっと言われたことでもそれが意地悪で言われたように映ってしまいます。人の心は本当に不思議なもので、何かとらわれごとがあると、そこがいびつにゆがんで映るのです。コップでも空っぽだからこそ、それに何でもはいるので、一杯つまっていたら何もはいらないのです。また青いコップでしたら中にきれいな水を入れてもやはり青く見えるようなものです。これらは皆こちらの考え方、レンズのくもり、コップの色で、相手が青くも赤くも曲がっても見え、良くも悪くも映るのです。『華厳経』に「三界唯一心、心の外に別の法なし」とか、「心のたくみなること、画師の如し」と説かれておりますが、これらは、この世の中のあらゆることは皆、自分の心で自分が勝手に描き作り上げているのであって、自分の心の持ち方で、どうにでも変わるということです。

近頃は、国民総評論家時代とか言われ、何かことがあるとすぐに、「政府が悪い、社会が悪い、誰が悪い」と他人のことはよく批評するのですが、自分を反省してみるということが少なくなったような気がします。私たちはまず脚下照顧、もっともっと自分自身を反省し、自分の心を深く見つめねばいけないと思うのです。

どんなに逆境のようにみえる環境にありましても、譬えば病床にありましても、それは仏を知り、また心が磨かれ深められるための、自己向上のための、み仏の愛のむち、試練でありましょうし、またそれは、自分が白金であるか鉛であるかの試金石でもありましょう。鉛は少しの温度でも溶けて形が変わりますが、白金ですと同じ熱でも溶けず形も変わりません。人間は白金よりももっともっとすぐれており、多少の辛いことでくじけてしまい、だめになるようなものではないと思います。

このような気持ちでおりましたなら、逆境も乗り越えられるのではないかと思うのです。人は信仰と忍耐をもって多くの苦しみをのりこえてこそ、磨かれると申します。私も今年こそは、過ぎ去ったことなどの心のわだかまりは仏様におゆだねし、み仏に包まれて、いつでもどこでも、何に対してもまず自分自身がほほえんでいられる人でありたいと思っておりますが、ほほえむということだけでも実際にはなかなか難しいことを痛感いたします。どこまで出来ますかわかりませんが、皆様とご一緒に励んでまいりたいと思っております。

どうぞ皆様、今年もいよいよご健康で、おしあわせにお過ごしくださいますことを念じて、これで終わらせていただきます。

愚者への願い

先夕、マハトマ・ガンジーの生誕百年祭の催しが京都であり、私も参加することが出来、非暴力、無抵抗主義を守りながら、インドの独立を勝ちとった彼の偉大さを再認識させられた。その時、インド古典舞踊劇『ベナレスの女王』(タゴール詩)が上演された。

ある朝、ベナレスの女王が女官達を伴って、郊外の河畔へ水浴に出かけた。平和で静かな村はずれの河で水浴をすませた女王は、涼風に肌寒さを覚え、ふと河辺に貧しい小屋があるのを見つけて、それを燃やして体を暖めようと思いついた。無責任な女官の手で火をつけられた小屋は、みるみるうちに燃え上がり、炎は天を焦がして一瞬の中にすべてが灰燼に帰してしまった。女王はすっかり暖かくなったので、村人の嘆きをよそに上機嫌で宮廷へ帰って行った。

宮廷で催していた楽しい宴の最中に、ベナレス河畔の出来事を訴える村人が集まって来たので、その宴は中断されてしまった。聡明で慈悲深い王の心は憤りと悲しみに閉ざされて、憂うつになられた。女王がほんの些細なことでしかないと思っていたことが、どんなに大きなロスであったか、それを自ら悟らしめるために、王は一枚の貧しい衣と鉢を与えて女王を托鉢の旅へ出るように命じられた。

恥と悲しみに打ちひしがれた女王は、やがて思いなおして立ち上がり、一椀の鉢を手に門口から門口へと托鉢して歩いた。長い苦しい遍歴と心の葛藤を経て、徐々に女王の心に一筋の光明がさし出した。法輪はまわり、静かな深い心の奥底に女王は自らの宗教への目覚めを自覚した。かつて理解することの出来なかった貧しい人々の心と悲しみや、王の深い愛を、そして宇宙にみなぎる神聖にして厳然とした法の気配を、女王は自らさとった。女王はさらに高い真理と愛を求めてヒマラヤへと旅立った。

一歩一歩と登って行く疲れ果てた女王の行手には純白のヒマラヤの雪があった。ひらひらとたえまなく降りそそぐ冷たい清らかな雪の中に、女王は疲れて倒れ伏した。

突然に王が現われて、やさしくさしのべられた手には美しい花環があった。そして婚礼の日の歓喜と祝福と華やかな記憶……。眩惑を感じて平和のよろこびの中に、女王は死んだ。魂が永遠の歩みを続け出した。ヒマラヤの黎明に向かって——。

盛り上がった素晴らしい演出構成からも来ているのか、私の心を強く打つものがあった。私どもが常日頃、何となく口に出す言葉や行ないで、相手を苦しめ悲しめ、また善いことのつもりでしていることがかえって人様に迷惑をかけているかもしれないことを思うと、罪の深さを感じ、私たちは常に感謝と共に懺悔せねばならないと思ったのである。

もうだいぶ前になるが、ラジオの人生読本の時間に、あるクリスチャンの方が、正義感が強く潔癖で、自分でも正しいと信ずる行ないをするかわりに、人の行動にも厳しく、とやかく批判し裁いていたことを反省しておられた。私はキリスト教では正義のための戦いは肯定し、十字軍などからみても、悪は裁かれる教えかと思っていたが、このお話を聞いて、やはりキリスト教でも仏教でも同じことで、神の聖愛、仏の慈悲は悪に対しても裁かず、大きな心でそれを包み許してゆく深い愛こそ本当であることを知って、うれしかった。

私どもは、人様のことはよく目につき厳しく批判するが、自分のことについては皆目わからず、甘く解釈し、自分ほど正しく賢い者はないという自我の角が出て、人を裁き、喧嘩をし闘争ともなるのである。

自我の角をとり、柔軟な心でいる時は、何事に対しても円滑で自在無碍であり、誰とでも和合出来る、真に平和な暖かい心になれるのだと思う。

法然上人は自らを愚かな法然房といい、親鸞聖人も愚身とか愚禿といっておられる。みずからをへりくだり、愚者となることは、何とむずかしく尊いことであろうか。

兄の死

先年、私の兄が他界いたしました。その臨終の際に、義姉は親にのみ知らせ、亡くなったあとで私に知らされました。兄は昔から身体が弱く、入院していることは知っておりましたが、いつも少しずつ快方に向かっているからと手紙が届き、亡くなるほど悪いとは思ってもおりませず、突然のことにびっくりいたしました。

たった一人のやさしい兄で、母が終戦直後に十五、六歳の私たちをおいて亡くなったことから、三人の兄妹は年も離れておらず、どんなことも話し合い支え合ってきただけに、淋しく悲しく、義姉はなぜ早く知らせてくださらなかったのかと、腹立たしく、やるせない思いをどうすることも出来ませんでした。

兄は、年若く他界するだけに、本当にこの世の悪に微塵も染まらず、清浄な心の仏様のような人でした。小学校の間は親許を離れ、私たちとは別に、明治天皇の侍従をしていた祖父・祖母の許で、目の中に入れても痛くないほど可愛がられ、女中たちに若様、若様とかしずかれて育ったのです。けれど、終戦後は社会も変動し、そのうえ母も亡くなるなどの逆境に立ち、やがて私や妹もそれぞれ家を離れた後、新しい母と新しく生まれた妹の間で苦労し、大学卒業直後に胸を病み、家庭療養しておりました。それも長くなりますと、使用人のようにこき使われることがあっても不平のひとことも言わず、もっぱら信仰によって明るい笑顔を見せ、たまに帰る私たちもいろいろ教えられることが多くありました。そしてやっと報いられ、身体もよくなり、信仰によって結ばれて、仕合せな明るい家庭をもって四年、早くも他界してしまったのです。

そんな時、ふと「兄は仏様だったのだ！　いろいろな環境に身を置き、直接に私を導いてくださったのだ」と気付きました。兄妹として暮した長年月の中で、兄の口から不平、憎みや悪口を聞いたことがありませんが、こんなすばらしい人を兄と呼んで過せた仕合せ、この兄をお与えくださり、逆境に立たせ、直接に見せ示したまわったみ仏の大慈悲を思うと、少しのことで怒っている私の行ないが恥しくもったいなく思われました。

今、私のなすべきことは、この義姉に対する怒りを解き、許すことだと思った時、義姉は兄を心から理解し愛し、最後まで二人だけでいたかったほどの真心は、兄もどれほどにか仕合せだったことかと気付きました。また義姉は、出家直後の身の私に知らせてはいけないと遠慮し、また瘠せこけた臨終の兄と会わせて、私を悲しませたくないとの深い配慮からでもあろうかと思うと、今までの重苦しい心はすっきりと晴れ、淋しさの中にも、み仏の慈悲と義姉のやさしい心づかいの有り難さに包まれたのでした。人を許したつもりが、自分をしばっていた重苦しい心が解かれて、私自身が許され、真実のことが見えて来たのです。

義姉を少しの間でも、兄を奪い、そして死なせた悪い人のように見ていたのは、とんでもない錯覚で、私の心が勝手にそう思い描いていただけで、本当は真心の人、やさしい人だったのです。義姉こそ、私以上にどんなにか悲しんでいることでしょう。

相手が鬼に映ろうと仏様に映ろうと、また周囲が地獄に見えようと極楽に見えようと、それは結局、自分の心が巧みに描き出しているのであり、自分の心で描いた絵画を見て、怒り悲しみ憎んでいるだけのことなのです。この世には生来の悪人はなく、みな真心の人、よい人ばかりなのですが、経験の相違などから相手の人の心を本当に理解することが出来ず、心が行き違って誤解を生じるのであり、外界は、私たちが自分の心で勝手に描いている画なのです。先の『華厳経』の「心のたくみなること、画師の如し」のお言葉をしみじみと味わせていただくのです。

また、どのようなつらい苦しいことがありましても、相手もよい気持のはずはないのです。相手にはそれなりの理由と苦しみがあることを理解し、その苦しみを受けるべき宿業がこちらにあったことを知り、その苦しみを乗り越えることによってその業が消え、また多くの苦しみを越えてこそ人格は磨かれることを思う時、み仏の愛の鞭、試練であると知り、そして、いかなる人をも許し包み守られるみ仏のみ心に比べ、まだまだ愛の足りなさ至らなさ、小ささを感じ、また無意識のちょっとした言葉で、人を苦しめていることも多いでありましょうことを懺悔するばかりです。

目を外に向ける前に、脚下照顧、自分自身をもっと見詰めねばいけないと、反省させられるのでございます。

元気に、本気に、力いっぱい

「元気に、本気に、力いっぱい」これは、私が二十年ほど前、幼稚園に勤め始めた頃、恩師の故高崎能樹先生が、いつも子供に分かりやすい言葉で、子供達のモットーを覚えさせ導いていらっしゃった言葉の一つです。それ以来、私もこれに感銘を受けて、この言葉を踏襲しておりました。今回このテーマを与えられて、直ぐにそれを思い出したのでした。

私たちは毎日、常に物事をする時、何か目標を立て、それに向って本当にその気になって、本気で真剣にしているでしょうか。多くの場合、何となくその日その日を過ごしてしまい、知らない間に一日が経ち、そして一年が経ち、そうこうしているうちに一生が過ぎて、気がついてあわててみても、もう遅いということになりかねません。

我が国に曹洞禅を伝えられ、永平寺を開かれた、有名な道元禅師という方がおられますが、この方が平素おっしゃったお言葉を、その弟子の懐奘禅師が筆記しまとめた本に『正法眼蔵随聞記』があります。

その中で道元禅師は、「大宋の禅林に、坐禅をして立派な僧になろうという志を立てて集ってくる者は、ずいぶん大勢で数百千人にのぼるけれども、その中で本当に仏道を窮め、仏法を得た人は、わずか一人か二人である。これは一体どういうことか。今これを考えてみると、真実にその気になっているか、それともいいかげんにその一歩手前であきらめ、適当に妥協しているかどうかの違いである。本当に真剣に、本気で、その気になって、そのものを求めたならば、それが得られないということは絶対にない」とおしゃっていらっしゃいます。

やはり何事もよほどの真剣さ、真面目さがなければ、成功し、またその道の達人になることは難しいことであり、また真実その気になれば、何事も成就しないことはないということだと思います。

続いて道元禅師は、「その心がけるべき要《かなめ》は、その気になるとは、行住坐臥、いつどこで何をしている時でも、常にそのことに心をかけ、どんな中からでも、何かそのためになる、プラスになることをひたすら探し求め、見つけ出し、真実の志を持っておこなう時、高くとも射ることが出来、深くても釣りあげることが出来るものである。そしてこの、物事が成就し、希望がかなうことは、本来頭がよいとか、才能があるなしによるのではない」とはっきりおっしゃっています。

本当にその通りだと思うのです。人間の能力は、全知全能の大自然、宇宙の真理、智慧に比べるといかにも小さく、どんなに賢いといっても愚かといっても、それほど大差はないと思います。

そして若い間は誰しも一応は夢、理想に胸をふくらませますが、それを成就することが少ないのはなぜでしょうか。これはその志に対して、日々真実にその気になっているか、頭の中だけでなく、心で身体で、その気になっているかどうか、その程度と、またその意志や、そのための努力がいつまで続くかということによって、総てが決まるのではないでしょうか。

本当に不思議なもので、皆さんも経験ずみのことと思いますが、学校の授業や講義などで、何か目的があり、その気になって聞いていると、お話の内容がよく解かり面白く、知らず知らずにそのお話も頭にはいり、ますます意欲が湧き興味が出て、どんな長時間のお話でも少しも疲れず、それどころか気分爽快で、いよいよ頭がさえ、次のお話を期待し、待ち遠しくさえ感じるようになります。ところがいいかげんな心で聞いていると、お話もうわの空で、耳にはいっても素通りして頭に残らず、だんだんねむくなり、いやになり、解らなくなり、解らないのでなおいやになりねむくなるという相関関係にあります。これは小さな身近な例ですが、何事も実にその通りであり、その気になると、自分でも驚くほどの実力が出ることは事実です。

そしてその事実を一度体験すると、何でもその気になれば出来るのだという自信も出来、とことんまで努力し、物事に常に本気で真剣にとり組む習慣が、身につくことにもなるのだと思います。

これを昔の人はことわざに「案ずるより生むが易し」と言って、行なう前に何かと心配することは単なる取り越し苦労であり、まずその気になって実行することの大切さを述べ、「なせばなる　なさねばならぬ何事も　ならぬは人のなさぬなりけり」と、成功しその目的が達せられないのは、人が真実にその気になってしないからで、その気にさえなれば、どんなことでも出来ないことはないと喝破しているのです。

これを考える時、私たちこの二度とやり直すことの出来ない人生において、最高のゆるぎない目標をみつめ、高い理想を抱いて今日一日一日を確実に、その気になって真剣にとり組み、常に自分自身を励まし、怠け心に打ち勝って、有意義な生き甲斐のある人生を送りたいものと思います。

自分のものをつかむ

お寺には時々若い娘さんが、しばらくの間、修行やお手伝いに来られることがあります。そうしたある一人の方に「どうですか。貴女も尼僧になりませんか」と尋ねますと、「じっとして仕事をせずに、お経や本ばかり読んでいられるのでしたら尼僧になりますが、お掃除したりして働くのでしたら嫌です」と即座にはっきりした答えが返って来ました。

この娘さんは、落ち着きがないうえに仕事嫌いなことをお母さんが心配して、むりに連れて来られたのでしたが、このような気持ちでお雑巾がけをしたりして働いておられるのかと思うと、さぞつらい毎日でしょうと気の毒になりました。

また他の一人は、何か私に出来ることがあればさせていただきたいと、自分から求めて来られたのですが、お炊事、お雑巾がけ、お風呂焚きから境内の除草など、朝から晩まで一日中かいがいしく働き、それがまたいかにも楽しそうに感ぜられるのです。同じ仕事をしていてもこの二人、どちらが仕合わせでしょう。この対照的な二人をみて、つくづく考えさせられました。

お寺は広く無限に続くお掃除、境内の除草にしても全部取り尽くすことは不可能で、取っても取ってもまた後から生えて来ます。終りのない流れ作業に等しく、これをいやいやしたのでは、耐え難い苦しみであろうと思うのです。

でも、どんな仕事でも意義のない仕事は一つもないはずです。つまらなく見える流れ作業でも、よく考えてみますと、大きな大切な機械などの一部分であります。あの月着陸の宇宙船も、それぞれの細部の部分はつまらない小さな一つに過ぎないでしょうが、この一つ一つがみな正確に、少しの狂いもなく出来上り、それらが集められていたからこそ、あのすばらしい成功をみたのです。私たちの身体でも、たとえ指先に小さい怪我をしても、その痛みは全身に感じ、つらい思いをします。小さくつまらない、どうでもよいことなど何一つないではありませんか。

私たちは、人から強いられ、また教えられたことはあまり面白くなく、本当に自分のものになることはありません。仏教で「大疑の後に大悟あり」という言葉がありますが、やはり何でも自分自身の頭を使い、いろいろ疑いをもってみて、さんざん考えた末にやっと出た答えは、自分の心に納得出来、本当に身につくものです。

「私たちはなぜ働くのか」「その仕事の意義は」「人生とは何か」「この世に生まれて来た真実の意味は何か」「人間に生まれて、生き甲斐のある生活、悔いのない満足出来る生活はどこにあるのか」などを一人で深く考えてみることは、本当に大切なことではないでしょうか。

先の寺内のお掃除などの場合も、一本一本の雑草を取り除き、また美しく掃き、拭き清めることによって、私たち自身の心の怒りや貪《むさぼ》り、偽り、憎しみなどの汚れた心を少しずつでも取り除き、明るい清々しい心になり、そして参詣の方々にもこれをわかち、きれいなところで気持よく迎えて、心から喜んでいただけることに、その意義を見出して努力できますならば、すばらしいことと思います。

どんなにつまらなくみえる仕事にも意義を見出し、情熱を持ち、微笑をもって生きいきと取り組み、職場の花となり、仕合わせの配達者となることが出来ますならば、その人の人生はずいぶん張り合いのある楽しいものでありましょう。

私どもはまず、大きな理想、使命を持つことが何より大切です。そしてそのうえで、何か一つ実行可能な小さな目標を立て、これを一つ一つ成し遂げて、喜びを味わいつつ進むことは誠に楽しいことではないでしょうか。理想や仕事と関連した、または別の趣味を豊かに持つことも、また楽しく生甲斐を増す一つでしょう。

しかしこの理想、使命を貫くうえには、いろいろの障害や苦労があることと思います。それにはやはり、しっかりした心の支えとしての正しい信仰、または尊敬できる師を持つことが大切であり、また仲間たちの温かい友情とはげましも、必要でありましょう。苦しめば苦しむほど人は磨かれ向上します。困難をさけることなく、若い間に大いに苦労し、考えて、立派な人格をきずいていただきたいと念願いたします。

懺悔の心

仏教は私の生活の依り処であり、心のささえであり、生きてゆける、否、生かされているすべてであるといってよいでありましょう。それは時に、我の強い私をめちゃめちゃに打ちのめし、突き離し、また時には暖かくやさしく慰め抱擁し、勇気と自信を与え、未来に対する果しない希望と安らぎを与えてくださいます。

私の人生を顧みる時、現在こうして尼僧であることに無上のよろこび、幸せを感ずると共に、三歳の時に母を亡くし、また我が子の如くに育てはぐくんでくださった義母をも十五歳の時に失い、いろいろな経験を積み重ねて行くうちに、仏道に触れる機会を得、やがてそのみ仏の道を少しづつながら深めてゆく機縁を与えられたことの、誠に不思議な因縁の糸で操られていることを感じます。これまでにさまざまな変化身となって私をお導きくださっている観世音菩薩様に対し、ただ有り難く勿体なく、ひれ伏し感謝せずにはいられない私でございます。

私にとって毎朝の修法や阿字観はことに有り難く感ぜられます。

衆生本来仏なり
水と氷のごとくにて
水をはなれて氷なく
衆生の外に仏なし

と白隠禅師が『坐禅和讃』でお詠みになっていらっしゃる如く、冬のあいだ堅く凍てついた氷が、春の陽ざしを受けて自然に水になるように、心が自然に清められ、雑念、妄念がとり除かれ、無碍自在の大自然の法、清浄法身のみ仏、大慈悲の如意輪観世音菩薩と一体感を味わせていただき、無上の法悦に浸らせていただけることは何よりも有り難いことでございます。

しかしながら、励めば励むほど、み教えの偉大さ、広大さ、深遠さを有り難く感ずると共に、み仏の大慈悲やこれらの偉大さに対して、自分自身の何とはかない哀れな人間であることか、その小ささ、愚かさが思い知らされてまいります。いつになっても少しも向上進歩のない自分が情けなく、恥しく思われ、それは今日までの人間としての業(生れ変り死に変りしながら犯してきた罪悪)のあまりに深いためか、いつも同じことの繰り返しに、親鸞聖人の「いずれの行もおよびがたき身なれば、とても地獄は一定すみかぞかし」(『歎異鈔』)と仰せられたお言葉が、ひしひしと胸に迫るのでございます。

顧みてこれまでの私の励みというものは、「私がこれだけ修行し励んでいるのに」「私こそ立派な尼僧になって、少しでもみ仏に近づかせていただきたい」と、自分が、自分がと力んで励んでいる私、つまり自我による励みであることに気付いたのです。自我による励みのある間は、人さまから悪く言われたりすることが、かえってとても気になるのでした。

一般によく知られていることですが、京都人の言葉はやさしく柔らかく、人の心を傷つけないように愛想よく言われます。例えば他所のお家を訪問して、「ようこそおいでやす。まあお上りやす」と言われても、その言葉に従って上ってゆっくりお茶などいただいて帰ろうものなら、後から、「あの方は何と気のきかんお方や」と罵られるとのこと。

寺内もまた京都人的なやわらかい雰囲気のために、そのようなことが多くありました。私などは、父や祖父母共に東京生れの生粋の江戸っ子で、率直に言葉通りに従ってしまう方であり、おまけにいわゆる「蛍光灯」でもあるので、言葉の裏の真意を押しはかる機微をわきまえておりませんでした。そのため、人の言葉そのままをとって大失敗の醜態を演ずることもしばしばで、非難ごうごうの真っ只中、四面楚歌の中に立たされて、世の中の難しさを痛感し、人の言葉に深い奥のあること、言葉の裏に秘められた人の心を察せねばならぬ心遣いの大切さを、はじめて思い知らされた愚か者でした。

しかしこのことは、後にも触れますが、私自身にとってはずいぶんよい勉強になりました。多少なりとも人生を深めさせていただけたことは有り難い経験でしたが、この私の愚かさのために、取り返しのつかないことにもなり、関係のない第三者の方にご迷惑をおかけしてしまったことがあり、ただただ申し訳なさ、慚愧の思いで一杯でございます。

しかし初めの間、愚かな私は、孤独のどん底にありながらも、自分の愚かさは棚に上げて、人に率直に言って貰えなかったことを心の中でなじり、思いもしないことを噂されるのに対しても、悲しみ、許せない心で一杯でした。面と向かって率直に反対出来ない人々の立場や、やさしい心遣いが解らなかったのです。

そういう悲しい時、いつも思い出したことは、お釈迦様にも提婆達多という従兄弟があり、お釈迦様の人格のご立派なこと、教団の栄えることをねたましく思い、嫉妬のあまり、教団を破壊し、暴力で仏様を殺害しようとしたのですが、お釈迦様はただ彼を憐み、慈悲によって接せられたということです。

また白隠禅師には「子守り白隠」とか「子育て白隠」という有名なお話があります。宿の油屋の娘さんが私生児を生んでしまい、父親は大変立腹して男の名を名乗れと責め立てます。困った娘さんは、平素父親が禅師を尊敬し、和尚さま和尚さまと何かにつけて賞めたり、身辺のお世話をしていることを思い出し、和尚さまだと言えばきっと許してくれると思って、つい「白隠和尚さまです」と言ってしまいました。父親は怒るまいことか、カンカンになってお寺へかけ込んでゆき、「とんでもない生臭坊主じゃ。覚えがあろう。受けとれ」と言って、赤ん坊を白隠禅師に押しつけました。

禅師は藪から棒で何のことか解らないけれども、何か深いわけでもあるのであろうと、

「ああそうか、そうか」と言ってその子を受け取られました。そしてそれからというもの、禅師はお粥を作って食べさせ、その子を懐に入れ、また背負って用事をし、托鉢にも出られました。

さあ村中は大評判です。「あの和尚さんがね。人はみかけによらないものだ」と世間の非難は生やさしいものではなかったようです。近年、白隠和尚の尺牘で、「一度お訪ねしたいが、世間の噂があまり高いから、当分外へは出られません」という、本陣の主人宛てのものが発見されたということです。

さすがの娘さんも和尚さまにあまりに申し訳なく、とうとう父親に本当のことを打ちあけました。お父さんはびっくりして、またまたお寺へ飛んでゆき、「和尚さん本当に申し訳ないことをいたしました。相済みません」と謝って子供を引き取りますと、白隠禅師は「ああそうか、そうか」と言って渡されたということです。

このお話を思う時、世間の噂、罵倒にも、何の言い訳の一つもされず、子供を連れて行っても「ああそうか、そうか」、子供を貰いに行っても「ああそうか、そうか」と、心を微塵も動かされない禅師の不動心、大きな慈悲のお心に、少しのことで心を悩ませている自分の小ささ、至らなさが顧みられ、励まされるのでございます。

「亀鏡なければ我が面をみず、敵なければ我が非を知らず」（日蓮聖人）。誠に自分の顔は鏡に写してはじめて知ることが出来る如く、我が心の愚かさ、間違い、自我の存在は、相手との対立、摩擦により、すなわち敵が現れてはじめて知らされるものでございます。相手は敵の姿で現れて、我が心の非を教え示してくださる有り難い存在であったのです。「たち向う人の姿は鏡なり　おのが心を写してやみなん」（黒住教祖）、「心清きにしたがって、仏土清し」（『維摩経』）、「三界唯一心、心外無別法」（『華厳経』）と言われている如く、自分自身の生活の環境は全て自分自身が作り出しているのであり、私自身の心の持ち方によって、そこは地獄とも極楽ともなるのであり、敵と思っている許せない相手より、許せないとして怒っている自分自身の心の小ささ、頑なさ、頑固な自我にこそ問題があったのでした。

西洋の近代文明では、自己主張を個性などと言って尊重してきましたが、釈尊の教えでは、自己主張は徹底的に否定されるべきものです。自分、自分と思って執われ、主張している自分とは一体どんなものなのでしょうか。

生まれながらにそなわっている、両親からの遺伝による性格（私自身による過去世の因縁・業）と、この世に生を受けて以来のさまざまな経験と知識で、ただ勝手に自分という概念を作り上げているのであり、この自分が何より可愛いため、いろいろな欲望が起り、欲望が満たされないといって怒り、汚されたといって怒ります。またこの私どもの経験・知識による自己の概念は、一人一人みな違うために、それぞれの考えや思想がおのずから異なり、そこに和合の難しさがあり、少しの言葉の使い方で思わぬくい違いや不和となり、心は常に穏やかでなく、好き嫌いや善悪、損得などさまざまな批判や分別をおこない、自分は正しいと信じ込み、自分の考えを主張し、押し通そうとするところに争いや苦しみ悩みが生ずるのです。

この自分という概念こそ自我であり、真実の自己の本心（本性・仏性）を覆いかくしているものであり、この自我を完全に払拭し、全宇宙、全生命と一つの心を見出すことこそが悟りであったのです。

ここに「大死一番」とか、至道無難禅師の「生きながら死人となりてなり果てて　思いのままにするわざぞよき」の歌が思い起されてまいります。現象のわれが死んで死んで死に切らないと、無我になれない難しさがあります。

何とも自我の強い私、無我になることはまだまだほど遠いことではありますが、何とか自我を少しでもなくすため、「まずばかになろう」「愚に徹しよう」と。なまじ自分はまともな人間で、正しいことをしていると勝手に思い上っているので腹も立つのであり、自分では本当の自分のことは解らないのです。自分のことはどうでもよい、考えますまい。自分のことはすべてみ仏にお任せし、大ばかになり切って人様のことだけ、人さまの喜ばれるように、人さまの幸せだけを考えるべきであったのです。

私が一所懸命に修行に励んでいるなどと思うのは、とんでもない思い違い、思い上りであり、ただ恵まれた環境で坐り、修行のまねごとをさせていただけるご縁の有り難さだけを感謝すべきであったのです。自分にたとえどんなことがあり、どんなことを言われても、それによって地獄へ堕ちることがあったとしても、それでよいではありませんか。「願わくは一切衆生の仏道を成ぜんことを。願わくは私が永久の苦海に沈まんことを」と願うべきであり、これが私の帰依させていただいている大乗の教えであったのです。

人さまの立場を理解し、感謝し、み仏の大慈悲を心にいただき、もしみ仏ならばこの場合いかになさるであろうかと、常に自身を顧みるべきであったと気付いた時、いままで許せない心で、何かお腹の中にしこりのように固まってもやもやしていたものが、すとんと落ち、身も心も軽くなり、晴々した心にさせていただいたのでした。

一所懸命にとりすがり、後生大事に、人に汚されまいとかまえていた自我は、実在ではなかったのです。結局、苦しい、つらいと思う時、相対するものを他に認める時、そこにはかならず自我の鎧をかぶった自分があったのです。対立する相手は、私の無始以来の救い難い頑なな自我を、少しずつでも気付かせ、取り除かせてくださる観音様のお計らい、観音様のご化身であったのだと、有り難く合掌させられるのでございます。

自我の鎧をぬいでみると、そこには無限の生命と無量の供給に満ち足りた世界があり、大自然は晴ればれと美しく、天地一切は真実の法を説いてくださる一大経巻でございました。大慈悲、智恵、み恵みのさまざまなみ仏の大曼陀羅の中に抱かれ、生かされ、支えられている有り難い私であったのです。私はなに一つ力むことも、また卑屈になることもなかったのです。ただつねに感謝して、日々を新たな心で今の瞬間瞬間を、私なりの力によってありのままに最善最高に、そのことに没入し、有意義に過ごさせていただけばよいのだと気付かせていただいたのでございます。

そしてみ仏の大曼陀羅に抱かれている私は、何の恐れも不安もなく、また無限のみ仏のお力に支えられて、夢や希望もまた無限に広がってゆくのです。

しかし、またしてもいつの間にか自我の鎧をひっかぶり、それによって苦しみ悩み、また打ちたたかれて気付かせていただくという繰り返しの、情けない人間でございます。み仏に依りすがり、み教えに依ってこそ、重い鎧を手離すことの出来ない私ながらも、日々安心して生き、生活させていただける有り難さを感じ、少しでも多く目覚めた時を持たせていただき、報恩の日暮しが出来ますようにと、ひたすらに念ずる私でございます。

私の仕合せ

この頃よく生き甲斐ということについて耳にします。科学文明の発達で生活が豊かになり、時間にも余裕が出来、昭和元禄ともいわれる平和ムードの中で、私たちは何を依りどころとし、ささえとして生き、生活すべきかが問題になり始めたのでしょうか。

先日、ある会社の立派な重役さんが、「会社もおかげさまで順調に進み、しっかりした後継者も大勢いるので安心して退くことが出来ます。また家の方でも、息子・娘もそれぞれに配偶者を得て幸福に暮している。さてこうして自分一人になってみると、今まで一所懸命に会社のことばかり考えて働いてきて、自分自身に何が残っているかとふり返った時、何か一人とり残されたように淋しく、空虚で、やりきれない気持ちです。若い頃から仕事に情熱をもやし、自分の正しいと信じた道を真っしぐらに進んできたのですが、今になってみると、その仕事自身には悔いはないのですが、何か欠けていたように思う。これからは、何によって生き甲斐を見つけていったらよいかと考えさせられます。少し、宗教でも勉強したいと思うのですが」とつくづく述懐されるのをうかがって、私自身深く考えさせられました。

最近の世論調査では、マイホームに生き甲斐を求めている人がほとんどで、仕事をもって生き甲斐とするとの意見は、一部の管理職の人達に過ぎなかったと報道されていたのを読みました。マイホーム主義で、自分の家庭だけが仕合せであれば他を顧みず、暖衣飽食でこと足れりとするのでは、他の動物と大した違いはないのであり、また、飽くなき欲望は限りなくその人をおびやかすことでしょう。

それでは、仕事が生き甲斐である場合はどうでしょうか。先の重役さんなどは、世間的にいえばずいぶん恵まれた方で、財産、地位、健康はそなわり、家庭的にも豊かであり、一般的にいって仕合せな方であり、世俗的にいって成功者の一人といえるでしょう。

自身を捨てて会社のために尽くされ、そして立派に子息を育てられ、それによって生き甲斐を感じつつ、黙々と働いてこられたのでしょう。でも、仕事に全生命を打ち込まれただけに、それから離れてゆく淋しさ、虚脱感はずいぶん大きなものではないかと想像されます。

それにしても、この方のように総てが順調にいった場合はよいのですが、私どもの生活は、いつどんな災いが起らないとも限らない。会社の倒産や病気や死、また家庭の破壊など、不慮の出来事に遭遇した時、これらの生き甲斐としていたものが奪われた時のショックは、いかほどのことかと戦慄を覚えるのです。

パスカルは、「人間の知識には二つの極がある。その一つの極というのは、生れたばかりの嬰児にみるような無智であり、これは『自然的無智』とも名づけられるものであり、今一つの極は、人間は無智であることを悟った英智である」といっています。これは、私ども人間の、豊かな高い知識と教養によって始めてたどり着く謙虚さ、人間本性の目覚めとでもいえるものではないでしょうか。そしてこれはまさに、仏教において真実を追求し、真実の自己を見出した、悟りの智慧に通ずるものであると思うのです。

世界的な科学者アインシュタインが、来日されて京都での講演の際に、「科学者としての自分の研究が進むほどに、宇宙のふところが段々深くなってゆくばかりだ。この世界は、自分の科学では到底手が届かない。だから自分は、この科学をのり越えた神の存

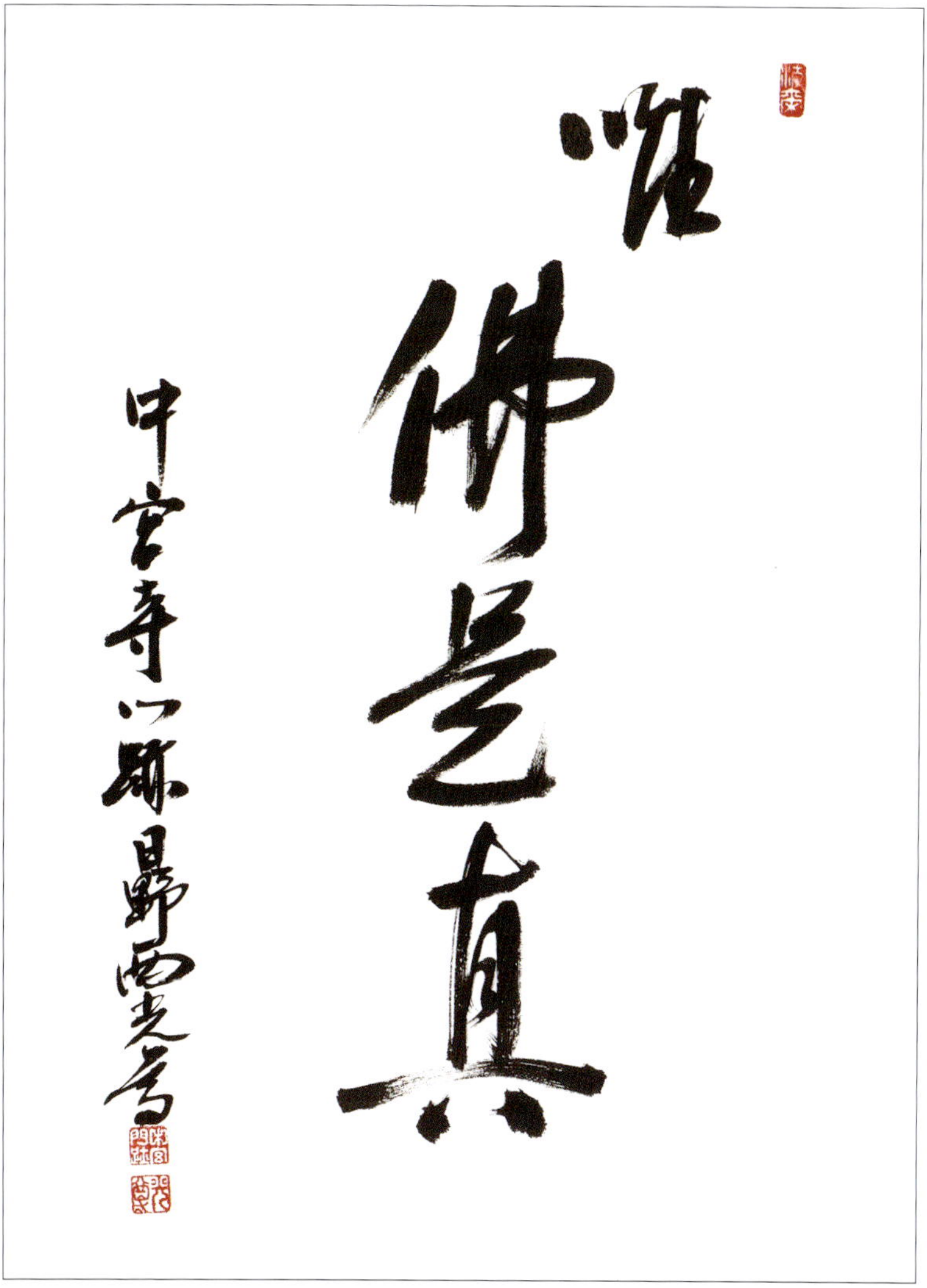

「唯仏是真」

在を信ずる以外に道はない」と語られたというのです。

このように、学問をし、科学するほどにその窮むべき視界は広まり、人間の小ささ、弱さ、もろさ、無力さを知り、大自然、宇宙の真理の神秘さ、深遠さに対して、人間の知識で究明しようとしても、それは広大無辺な大自然の中の、何ほどのものでもないことが知られるのではないでしょうか。

今や宇宙飛行士は月に降り立ち、月旅行も空想ではない時代になりました。しかしいかに科学が進歩しても、結局は大自然の法則に従って、真理を追究することの埒外に出るものではなく、大自然の法則に逆らい、またこれを変更するようなこと、例えば地球の自転を止めるなどは、絶対に不可能なことです。それどころか、現在大気中に、石油使用による炭酸ガスの層が出来つつあり、また重油の廃棄物は海に流れて水面を被膜となって覆いつつあり、全地球に、人類共通の危機が迫っているという。これこそ物質文明発達のいき詰り、人間の学ぶ科学の限界が示されているように思うのです。大自然の偉大さにくらべて、人間私どもの計らいのいかに哀れなもの、底の知れたものであるかが顧みられるのです。

アーノルド・トインビーが、「物質文明は終りだ、二十一世紀は宗教の時代である」

と予言し、この世界的危機において、これを救うものは東洋思想、ことに仏教をおいてはないと、欧米の識者の中では仏教への関心が高まり、研究が盛んに行われているということを聞くにつけても、その昔、聖徳太子が『十七条憲法』の中で、

「篤く三宝を敬え、三宝とは仏法僧なり。すなわち四生（生命ある総てのもの）の依りどころ、万国のおおむねなり。いずれの世、いずれの人かこの法を貴ばざらん。人、甚だ悪しき者少なし。能く教うれば従う。それ三宝によらずんば、何をもってか枉《まが》れるを直さん」

と仰せられ、そして、おやさしく美しい中宮寺の本尊様をご造顕になられ、仏教精神による高い理想に基いて国を治められたことが、尊く偲ばれるのです。

パスカルは、先に挙げた言葉に続いて、「これらの両極の間に、さまざまな中間的段階があって、この中間的段階の知識は、しばしば事物の判断を誤ることがある」といっています。

この中間的段階の知識とは、すなわち自然的無智と、人間は無智であるということを悟った英智（仏教でいう根本智）との中間の知識であり、結局、私たちが生れてからこのかた、経験や学問などによって身につけた知識全般（仏教でいう後得智）のことであ

り、さまざまな段階とは、人によって、この知識の質、量の相違による段階でしょう。

この、中間的段階の知識における判断は、仏教でいう自我であり、煩悩であり、誤った妄想による判断ということになると思います。これは、その知識を絶対のものと信じ、自分は、自分の力、知識で生き、生活していると信じ、また時には自分ほど正しい賢いものはないと思いこんでいる、浅はかな知識であり、判断なのです。

私どもは、自分をふり返ってみると、総ての判断を、個人的な経験、知識に基いて、ある一つの概念を作りあげ、これを通して行うため、これは百人百様であり、見方、意見、思想がおのずから異なるのは当然であり、ここに和合の難しさがあるのです。ある方は、「百人には百種の正義がある」と述べておられますが、どうしても私どもはこの道理から、自分だけが正しく、人は間違っていると考え、自分を尺度にして他を批判しがちです。それは常に身のほどを知らぬ思い上がりに過ぎぬことが多いのです。

またしても聖徳太子のお言葉、

「忿《いかり》を絶ち、瞋《いかり》を棄て、人の違《たが》うを怒らざれ。人みな心あり、心おのおの執るところあり。彼の是とするところは、すなわち我れの非とするところなり。我れの是とするところは、すなわち彼の非とするところなり。我れ必ずしも聖に非ず。彼必ずしも愚に非ず。

共に是れ凡夫のみ。是非の理、誰かよく定むべき、相共に賢愚なること、鐶《みみがね》の端《はし》なき
が如し」

を、有り難く味わせていただくのです。結局、知識そのものをとやかく言っているのではありません。この自分に積み重ねられた知識や五尺の身体が、真実であり本当の自分そのものであるように錯覚し、それを基本として判断していることに間違いがあるのです。知識等は、本当の自己の上に、幾重にも重ね着したベールのようなもので、その奥にある本当の自分、すなわち、知識、健康、地位などの総てのベールを取り除いたところに、本当の自分があることを忘れているようです。

この真実の自己に気付き、うわべの知識は本当の人間の智慧でなく、これを総ての依りどころ、自分の判断の基本とすべきものでないことを知った時、このことをさして、パスカルは「人間は無智であることを悟った英智」といっているのではないでしょうか。

坐禅は、このみせかけの自分（実はベール）、「我れ」と思っている既成の概念、知識を総て放下して、真実の自己、本当の自分の本性をみつめる方法です。

無文老師は、この真実の自己を知らねばならぬことを、「男でもなければ女でもない、若くもなければ年寄りでもない、学者でもなければ無学者でもない、善人でもなければ

悪人でもない、生れたでもなければ死ぬでもない。そういう何ものでもないものであり、知識以前、経験以前の純粋な心に還ることである。生れたままの赤ん坊のような心になることであり、これも厳密にいえば赤ん坊も既に親の遺伝を持っている。そこで、父母未生以前、親も生れない先の本来の面目を見よ」と、よくおっしゃっておられます。

そしてこれは桶の底がぬけ、そこにはもうへばりついた粕も垢もなく、まわりの桶の板もなく、もはやたがをもとどめない自由自在、無碍の境地であるのです。

雲晴れて後のひかりと思うなよ
もとより空に有明の月　（仏国禅師）

この歌のように、覆われていた雲が晴れ、月の光が皎々と輝く清々しさ、これがこの英智であり、仏性でしょう。何物にもさえぎられず、執われることのない心、空なる心、無なる心は、総てをそのままに取り入れて、ありのままに見出すことが出来る英智でもあり、総てを超越して何ものをもさえぎることなく、対立することもない誠の愛、慈悲でもあります。

さてここで、先ほどの生き甲斐論に戻って考えて見ると、仕事などに生き甲斐を持つことも、畢竟は、この頼りにならない、小さい浅はかな自分、そして個人のお粗末な概念で造り上げられたみせかけの自分を、「私」「私」と後生大事に執着し、自分を最善最高と信じ、そしてその肉体、若さ、健康、力、知識に総てをゆだねていることにほかならないのであり、これは砂の上の楼閣であり、危い綱渡りであり、いかにも滑稽なことであると反省させられるのです。聖徳太子の「世間虚仮　唯仏是真」のおさとしを、しみじみと心に刻まれます。

ここに、自分の経験、知識等で作りあげたみせかけの自分をかなぐり捨て、外的な虚飾を総て払拭し、無智の智に帰り、自我を離れた時、そこに何ものにも執われず、真実をみつめてゆける目や心が開けてくるのです。そして、この偉大なるすばらしい大自然に包まれ、生かされているすばらしい自分、何にも替え難い尊い自分が発見されるのです。そこには「自分」といって主張すべき何ものも、また執われ渇愛すべき何ものも見出せない。対立も相対もなく、総てが私であり、仏様の中に、全宇宙の中に、しっかりと抱かれている私に感激せずにはいられないのです。

考えて見ますと、呼吸一つ自分で工夫しているのではなく、自然に無意識に呼吸しています。このすばらしい緻密にして精巧な体内の構造など、何を考えてみても不可思議で有り難く、ただ生きているということだけでも、どれほどの恩恵を受けているかわかりません。そして無数の方々に包まれ、おかげを受けて始めてこうして生き、日々生活させていただいていることを思うと、ただただ有り難く感謝せずにはいられない私です。

こうして生かしていただいている私、人それぞれの立場において、何か使命があることをひしひしと感じ、この私でなくてはいけない使命を、微力ながらも思いきり果し、少しでもどなたかのお役に立ち、この大恩に報謝したいと思わずにはいられないのです。

何か少しでも人のため、世のために尽したい、奉仕させていただきたいと念じ、これに対して生活してゆく時の生き甲斐は実に有り難いもので、これこそ行ずる者のみの知る無上のよろこびではないでしょうか。

松下幸之助さんは、何か世のためになる、皆によろこんでもらえるものを作りたいと、電機器具の製造を始められたと聞きました。また、出光佐三さんは、人造りのために出光興産の石油会社を経営しておられると聞きます。共に成功し、誰知らぬ人はない大を成されました。しかし、社会のため、人のためといっても何も大きなことばかりでなくても、病める人、貧しい人などのよい友達であったり、また家庭なり、職場なり、地域社会なりに、なくてはならない人となることは実に尊いことと思います。これらの仕事は、生き甲斐それ自身ではなく、仕事は生き甲斐を遂行するための手段の一つとなる時、仕事にも一層張り合いが出て、悦びをもって、全力を尽して行うことが出来るでしょう。そして、知識、健康などの総てもまた、目的を達するための、最良の有用な道具となるのではないでしょうか。

この時、仕事の失敗や行き詰りや困難なことに直面しても、総ては試練として有り難く受けることが出来るのであり、この困難によってこそ、一層の励みともなり、人間として磨かれ、深められてゆくことを思うと、失敗や苦しみこそ、また楽しからずやではないでしょうか。

こう考えてきた時、先ほどの会社の重役さんのような場合、会社では他の方に安心して任せ、後の自由なその余力、余財をもって、何か社会のためにご奉仕くださるのが最善の道ではないかと気付いたのでした。

念のために書き添えますが、おたよりによるとこの方は、副社長に推薦されて会社に残られ、一層お仕事に専念される旨をうかがい、同慶にたえないのです。過日「宗教の道を求めたい」とおっしゃった際、山田無文御老師を紹介申上げましたが、その後おいでになったかどうかはうかがっておりませんが、仏道も共に、ますますご精進あらんことを念じてやみません。

私はおかげさまで、こうして日々仏道に精進させていただけて、本当に何よりも有り難いことと思います。私は、「八風吹けども動ぜず　天辺の月」という言葉が大好きです。毀誉褒貶、利害損失のいかなる風が吹きまくろうとも、真実の自己をみつめる時、無智なればこそ何もりきむ必要もなく、総てを大自然のみ仏にお任せした大安心があります。この物事に動ぜぬ、物事にふり廻されることのない安定した落着いた心は、随処に主となり、その場その場で、総て真理に叶った正しい判断、行いが出来るのです。私などまだまだこの境地には遠いのですが、少しずつでも近づかせていただきたいものと念願しております。

何か苦しいことや対立、抵抗があった場合、本尊様のみ前に坐り、また一人居間で静かに坐る時、かならず肩をはり、自分なりに判断し、自分は正しいと人を裁いている「自我」に気付くのです。「自分を正しいとする人は一番いけない」「自己主張の末は死につながる」というような言葉が聖書にもあり、キリスト教でも、自分を正しいと思う態度が一番嫌われるそうです。「他人を咎めんとする自分の心を咎めよ」との清沢満之上人のお言葉が身にしみます。肩をおとし、全身の力を抜き、自分の計らい、おもんぱかりを捨て、空になった時、始めて人の心も解ってくるような気がします。

私の大きな使命に対して、何をなすべきかも解らず、ただみ仏を念ずるだけで、毎日が暗中模索であり試行錯誤の連続ですが、み仏の大慈悲に抱かれ、あらゆる方々の慈愛に抱かれて生き甲斐のある生活をさせていただけることは、ただただこの上ない仕合せ者であることを感謝してやまない私でございます。

III

花と私

活け花では、「野にあるものは野にあるように」とよくいわれます。自然のままのそのままの姿が一番美しいということかと思うのです。

私たちの日常生活もその通りであり、花を眺め、また活けておりますと、花からいろいろなことを教えられます。

仏教では「平常心是道」といい、飾らない、かまえない、ありのままの本心、無我、無心の心がすなわち大道であり、仏の心に通ずるということがいわれます。

花は総ての人に愛され、そしてあらゆる人に慰めを与えてくれます。花は無心なればこそ美しく、また愛されるのではないでしょうか。

人里離れた野辺に咲くすみれ、野菊、登山でみつけた珍しい高山植物の美しい花、これらは皆、私たち人間が来たからといってあわてて咲いたものでなく、人に見られても見られなくても、その花なりに精一杯美しく咲いて、そして枯れてゆきます。

あるじなき今年も梅の花咲けり
　かひなきことをしるやしらずや

この歌は、私の父が植木や花いじりが大好きで、暇さえあれば大きな鋏を手にして、一日中でも庭におり、「ちょっとこれを見に来てごらん」などと呼んでいたものでしたが、昨秋他界し、それでも花や木々は相変らず元気に伸び、梅も美しい花を咲かせましたので、つい父を想い出して詠んだものです。

私たちの生活はこの花にくらべて、あまりにも他人を意識しすぎているのではないでしょうか。良いことは人に認めて貰いたい、もっと誇大に吹聴したい、失敗や欠点は隠し、出来得れば他人のせい、環境のせいにしてしまいたい、と。

私の居間の前庭に、以前は梔子《くちなし》の木が三本あり、毎年美しい純白の花をつけ、甘い香りを部屋まで送ってくれていました。美しい花は虫もよく知っているもので、いも虫といいますのか、黄色と黒のきれいな文様の虫が無数につき、気付かない間に、花の蕾や新芽を容赦なく食べてしまいます。あわててそれに気付いて駆除するのも大変です。虫には可愛そうなのですが、それをすっかり除いた後の花は、翌日から目に見えて元気になり、緑の葉も郁々としていかにも「気持よくさっぱりしました、ありがとう」といっているようにみえました。

しかし先年、本堂の建築も終盤に近づき、落慶式の準備などもあり、それやこれやで忙しく、つい庭に降り立つこともなく、梔子のことも失念して過しておりましたら、どうでしょう、虫が柔かい蕾や新芽をすっかり食べ尽し、気が付いた時には既に手遅れです。

とうとうみんな枯れてしまいました。

夕やみに清らに匂ふくちなしの
　はなの白さは目にぞしみいる

たらちねの母ぎみのこと我が胸に
　甘くやさしく匂ふくちなし

あの美しい白い花、甘い母のかおりを届けて、私を慰めてくれた梔子を枯らしてしまったのです。本当に可愛そうなことをしてしまった経験は、お花というと、今もなお思い出されて胸が痛みます。

花は本当に素直です。このように少し手を入れることをおこたると、虫づき、しおれ、ついには枯れてしまいます。しかしそのかわりに、水をやり、手を加えると、それだけ目に見えて育ってゆきます。

人間はそれほど素直でしょうか、教育もなかなか一筋縄ではゆかないようです。よくしていただいても素直に受け取れず、うるさがってかえって怒ったり、ひねくれたり、また何か裏を臆測したりします。そして自分は自分の力以上に背のびをし、肩をはり、人を押しのけ、ある場合には、人を蹴落しても自分が人前に出て認められたいと、「自分が」「自分が」と必死になっている人間、——美しい花を眺めておりますと、人間の小ざかしさ、みにくさを知らされるのです。

活花でよくいわれることですが、中心的な「体」に、「用」、「留」と、そしてそれぞれに「添」もあって、始めて一つの調和のとれた美しい活け花として人々からも賞讃されます。このうち、用、留、添など目立たないところにあるものでも、どれ一つ不必要なものはなく、それぞれがその場その場において同じ重要な価値を持っており、どの一本、一枝を払っても、これは活け花として不調和になり、全体が死んでしまうのです。

菊は菊の美しさ、バラにはバラなりの美しさ、タンポポにはタンポポの美しさがあります。そしてどの花も、それを手にしてみますと、み仏の無限の生命の躍動が感じられ、思わずひれ伏し、礼拝せずにはいられない衝動を覚えます。

この、花に礼拝し、教えられ、万物の霊長としてすばらしい人間に生れさせていただいている私、「平常心是道」という、もともとみ仏の大生命をいただいている私、かざらない、かまえない、無我、無心の心に立ち帰り、このいただいている人生を、私なりに精一杯に努力させていただき、花が人々の心に慰めを与えるように、私も、枯れ落ちるまでのしばらくの人生を、少しでもまわりの方々に、何かよろこんでいただける生活が出来ますようにと、感謝と共に祈念するのでございます。

平安を願って――阪神淡路大震災によせて

己卯の年も一か月余が過ぎ、皆様には佳い年をお迎えでいらっしゃいますこととお慶び申し上げます。

昨年は、社会、経済、教育界各方面で目を覆いたくなるような嫌な出来事の多い一年でございました。皆様のお宅はいかがでいらっしゃいましたでしょうか。不景気風は当寺にも吹き荒れ、お参りの方が少なく、庭前にお茶席を設けたり、四苦八苦でございました。

しかし、本尊様のお守りをいただきまして、寺の二名の者が加行を満行させていただきましたり、また、新しく出家希望者も増え、明るい新年を迎えることが出来ましたことは、何よりありがたいことと思っております。

やはり一番心が痛みますことは、教育の問題でございます。いじめ、不登校やまた、学級崩壊など、一概には申せませんが、家庭の崩壊で温かい家族の愛情を必死で求めている子供たちの叫びが聞こえるような事件の続発など、私ども宗教家としての力の無さを痛感するばかりでございます。

信仰というと、国公立学校では、何か忌み嫌われた戦後の長い時期があり、一番大切な心を置き去りにされたつけが、今出て来ているのは、本当に悲しいことと思います。

新年を迎えますごとに、思い出されますのは、一九九五年一月十七日のあの忌まわしい阪神淡路大震災のことでございます。いまだに新しい住まいにも落ちつかれず、仮設住宅で寂しい一人住まいをしていらっしゃる方。また、そのような方の孤独死のニュースなど悲しいことでございます。

思い出しますのは、その年、一九九五年一月二十五日、私どもはご懇意にしていただいております高見邦雄様（現在、緑の地球ネットワークを主宰しておられ、中国の黄土高原緑化に力を入れておられます）が、その時、所属しておられました通称「芦屋救急救援センター」から救援依頼のＦＡＸが届きました。中宮寺御流のお茶の門下の皆さんや中宮寺の妙光会・婦人会の方々に呼びかけ、お見舞金と依頼のあった女性の下着等を早速集め、とりあえず持って駆けつけることにいたしました。黒田霞玉さんをはじめ、茶道中宮寺御流香輪会の若い方たち十名ほどが、リュックを背負い、両手に持てるだけの物を持ち、同行してくださいました。

電車は西宮までしか動かず、西宮では高見さんが待っていてくださり、人気のない崩れ落ちた家、傾いて今にも倒れそうなビル、亀裂の入った凸凹の大通りなど、廃墟のように静まり返った街を黙々と一人心経を唱えながら歩きました。

震災の朝、高見様はお家が半壊したものの、命拾いをされ、下の階の方や、近くの方たち何人かを助け出されたとのお話に、胸がつきささる思いでうかがい、当日の惨状に思いを馳せております間に、小さなプレハブのようなセンターに、やっとたどり着きました。

そこにはボランティアの学生さんたちが忙しく出入りされ、また、震災でご両親を亡くされたという女子学生の方、いずれもお家が崩れたという皆さん方ばかりで、ご自分のことは顧みず、他の方々のためにと、余念のない熱意に圧倒されたことでした。一般のボランティアや、県や市の手の届かないところをこまめに探し出し、いろいろ援助をしていらっしゃる団体とのことでした。

センターに着いて間もなく、近くの方でしょうか、「肌着がありませんか」と取りに来られ、早速間に合って、持ってきた甲斐があったようで嬉しく思いました。そしてまた、老人ホームから救援依頼の電話が入り、私どもの半数が行くことになりました。

しばらく歩いて、その中の方がお家に立ち寄り車を出してくださり、私たちは老人ホームに向かいました。そしてその老人ホームの一室から、書籍を運び出すお手伝いです。その園内の日本家屋は、完全に崩壊し、今、ショベルカーが入り、砂塵をもうもうと巻き上げながら取り払い作業中で、その横を「崩れると危ないですから、中は通らないでください！」との声を聞きながら、コンクリートの建物の脇を大回りして、たくさんある書物を、他のボランティア団体の方々と一緒にグラウンドへ運び出します。重い本を山積みにして、何べんか往復、雨がかからないようにとテントを掛けて、やっと終わりました。隣の寮のような崩れかけた無住の建物で、お手洗いをお借りしましたが、もちろん、水は出ませんでした。

救援センターへ戻り、同行した他の方は、いまだ戻っていませんでしたが、私たちは、それらの若い人たちを置いて「また、何か御用がある時はＦＡＸをください」と言い残し、先に失礼いたしました。

外へ出ますと、もう薄暗くなりかけていました。どこか駅にたどり着いたらよいと歩くほどに、ヒッチハイクというのでしょうか、神戸市内の水道工事に行った帰りという車に乗せていただき、最寄りの駅まで送っていただきました。

自然の力の偉大さを痛感し、私たちは、科学の力で何でも出来るように錯覚し、思い上がっていることをたしなめてくださった試練ではなかったのかと思いながら、汗とホコリにまみれたままで、お寺にたどり着いたのは、すでに十時を回っておりました。

お茶の方たちがすぐに同行してくださったことに感謝し、往復に時間をとられ、あまり何のお役にも立たなかったことを反省しながらも、得難い体験をさせていただき、いろいろ教えられた、ありがたい、尊い一日でございました。

「のど元過ぎれば熱さを忘れる」とのことわざのように、私ども人間は、やれクローン牛だ何だと自己の利便性、効率性のみを追求し、個人の独創性、生命の尊厳を忘れ、安易な生活のみを求めているのではないでしょうか。今、私たちはすでにゴミの山に埋まり、自然破壊、いえ地球破壊が目の前に迫っているのです。改めてお互いに自己を深く反省し、心を引き締めなければならないと思います。そして何か出来ることからさせていただかねばと、強く念願いたします。

本年が、本尊様のお見守りのもと、生命の輝きに満ちて、どこにも争いのない平和で穏やかな年でありますようにと、ただただ念ずるばかりでございます。

心を育てる

心とはいかなるものをいうやらん
墨絵にかきし松風の音

これは一休禅師のお歌です。「心の豊かさ」が叫ばれ、現在ほど、心ある方は「心を育てる」ことの大切さ、必要さ、むずかしさを心にひしひしと感じていらっしゃる時はないのではないのでしょうか。

心は、「ころころ変わるから心という」と言われたり、また、「心こそ心まどわす心なり　心に心こころゆるすな」という歌もあります。

日本人は古来から日常生活や文化を通して、わび・さびを理解し、学び、奥ゆかしい思いやりの心を大切にしてまいりました。

見返りを求めず、人様のためには死をもいとわないという日本魂は、本当は美しい心であったはずだと思うのです。それが戦争で歪曲化されて、「魂」とか「心の大切さ」というと、すぐにそれによって戦争が始まるようにいわれてきた戦後の長い時期を通って、今のような物質至上主義、金銭至上主義に至っております。人間がただの肉体と部分のみであるかのような考えの、行きつく所まで来てしまった感さえするのは本当に悲しいことです。

一九三一年、ドイツの哲学者ヤスパースの『現代の精神的状況』という書に、三つの問題点があげられています。

問題点の一つは機械・技術の支配です。私たちの生活のすべてがこれらによって画一化され、規格化されて、個人の自由が奪われ、ただ便利さが優先されてしまったこと。二つには目ざましい経済成長によっての経済支配。愛情や誠実さを籠められた仕事も手間ひまがかかれば認められず、人間の価値が作業効率に換算されてしまうこと。また三つ目として大衆支配。これにより個性ある独創的な考えも無視され、多数決によって個人の主体性が失われて来たこと。

日本でも戦後これらの問題が相乗的にますますその影響を強めた結果、人間の尊厳性がすっかり見失われ、「人間はどう生きるのが最も価値ある生き方であるか」という価値観に自信を失って、生き甲斐も感じられず、親も子も無気力になるか、嫌気を起こすか、あるいは、ひたすら仕事人間になるか、人生を空しく終わるよりほかはないということになってしまっているのです。

今「価値観の多様化」ということを良く耳にします。「人間としてどう生きるのが最も価値のある生き方か」ということを考える時、「価値観の多様化は民主主義社会においての出発点であっても到達点であってはならない」とした意見に私は同調いたします。なぜならば古代ギリシャの優れた文化国家アテネでさえ、民衆の多くが「各人は万物の尺度なり（人は皆それぞれ自分の価値基準を持って生きればよい）」（プロタゴラス）という考え方をして、ソクラテスの必死の警告にもかかわらず衆愚的な価値相対主義に陥り、金権主義政治が横行して没落してしまいました。それは、まさに今の我が国の様子によく似ているからです。

先に述べたように、諸価値は決して同格の横一列のものでなく、かならず質的な差違があり、高低上下の序列づけが出来ると思います。

小林元亨氏の所論（ドイツの哲学者マックス＝シェーラーの論を基調とする）について私も同感なので書かせていただきますと、（一）実用的な価値、（二）快適な生活をもたらす利便性な価値、（三）生命力や健康増進をもたらす価値、——この（一）（二）（三）は物の世界。こういう価値観、人間観の人々を「エコノミック・アニマル」といい、「満足した豚である」と表現しています。

（四）には文化を創造享受できる能力。文化人、教養人としての価値です。しかしこの（四）が最高の価値ある人間と言えるでしょうか。いかに学問教養があったとしても、いまだ皆様の記憶に新しいところですが、オウム真理教のように、悪い意志を持ってこれを応用すれば、直ちに悪に転じます。ウェリントンは、これを「神なき知育は、智恵ある悪魔を作ることとなり」と言っておられます。人はこのように相対的な価値次元で満足出来ない存在です。

（五）に道徳的価値ですが、道徳は絶対ではなく、時代・ところなどによって変わります。そこで私たち人間は、時代や国家を越え、衷心から、清らかな幸福感を持つことのできる真の絶対的な聖なる価値をさらに求めずにはいられません。

生命より高い価値に捧げる行い、キリスト教の神や私ども仏教のみ仏の絶対的な慈悲や愛に支えられ、それによって生きようとするときに感得される聖なる幸福感、至上のよろこび。このような聖なる価値に結びついた人格でなければ、教養もまた無価値ではないかと思うのです。

これは、（六）崇高な神仏を求めてやまない宗教的価値です。人間の絶対的な尊厳性は、ここにのみあると思うのです。人間は本来誰でもこの聖なる尊い人格を宿していま す。宗教的価値は全人格的な穏やかな、豊かな、衷心からの浄福を感得し、物事に心からの懺悔ができ、いつも敬虔でいられる最高次元の絶対価値であると思います。

（一）（二）（三）（四）の諸価値は人間の千差万別の諸能力であって、ないよりはある方がよいという相対的な価値に過ぎません。これらをもし欠いたとしても（例えば（三）の健康に不自由な人、また（四）の学力の遅進な人など）、人間の尊厳性には何ら関係なく減ずるところは何もありません。にもかかわらず不当にも蔑視されることがあります。また（四）の学力を重視するあまり（六）の人格のよさを低く見たりすることは、全く誤った価値観です。こういった誤りが子どもの人格、自尊心を傷つけ、生活や学習への意欲をそぎ、不登校、反抗、非行等々に走らせていることだと思います。

こうして見ると、教育上の諸問題は大半が、戦後このように心を置き去りにしたことの「つけ」であり、一番大切な哲学的・宗教的価値観、人間観を欠いてきたこと、すなわち横並びの悪平等に起因しているといってもいいのではないでしょうか。この横並びの平板な価値観を、縦並びの体系的な価値観に正すことが、いま、心を育てるうえで、生命の尊厳性を考えるうえで、急がれることであると思うのです。

その意味でも、人格を育成するためにもっとも大切なことは、まずこの世の成り立ち方、真相を知ることではないかと思います。

仏教では「諸行無常」「諸法無我」といい、また「縁起の法」と申します。

この世のもの総ては、実体のあるものは何もなく、常に絶えず移り変わっているのです。今あるように見える全てのものは、過去の影であるに過ぎず、あわのようなもので、それゆえに過去の影に執われ、それをつかまえて怒ってみても無意味なことです。つかまえたものは既に過去のものとなり、変化しているはずです。

そして「自分が」「自分が」と自我に執われるので苦しいのであって、自分として執われるものは何もなく、自分は自分で生きているのでもなく、自分一人では生きられることもないのです。大自然に包まれ、全ての方々によって生かされ、大きな無常の流れの中に生かされている。大自然や人様のあらゆる因縁によって、大慈悲によって生かしていただいているということを実感した時、ただ有り難く感謝で一杯になります。肩肘張らず自然にまかせて生きることが出来、気楽さ、心豊かさが生まれます。そして何か出来ることをさせていただきたいとの思いに満ちて来ます。

「私が」「私が」と考える自我をつき破り、私ども人間の心の奥底に、私どもがそれぞれみな持っている仏心、仏性を見つけ出すことが、仏教でいう悟りであります。

私たちに実際に存在するのは、「今」のこの瞬間だけなのです。この瞬間に消えゆく大切な貴重な今。再び同じ時は来ず、真新しい今に全力投球でぶつかり、その物事に心を深く投入し、そのことの奥深くにある心を、子どもに、お互いに伝え合いたいものです。

私たちは完全円満な人格ではありません。それゆえにこそ、無上のもの、最高のものを求め、虔しみ、憧れて生きる姿、子どもと共に向上し求めてゆこうとする謙虚な生活態度を、子どもに示すことが大切ではないでしょうか。

それは現在のことにとらわれず、遠く将来に望みをかけ、さらに高いものに憧れて進む生活であり、これは想像をかきたて、想像から理想が生まれ、高い祈願が生まれてくるのです。不足を満足へ、不完全を完全へ、無知を全知へ、低きを高きへ、小を大へと昇華して進もうとする欲求も盛んになり、そのための努力も湧き起こり、またさらに充足への喜び、自信も出来てくると思うのです。この自信から総てに「楽観的に努力して進む心」「穏やかな心」「豊かな心」が育くまれます。

最後に私が思いますことは、私たちはもっと日本の伝統文化、そして日本人であることに誇りを持ちたいということです。

今あることを大切に

昨年は、尊敬申し上げている方、ご立派な方など多くの方がお亡くなりになりました。そして、生命の尊さとはかなさ、生命について改めて考えさせられる年でもございました。

私の身辺では、愛猫のコダマちゃんがいなくなったことです。平成五年四月十四日に一歳の親猫タマちゃんから、生を受けたシャム系の雑種の少し小型の猫です。気散じで、繊細な心の持ち主で、私の心を何時も読み取っていたようでした。いつも私の側を離れず、私がお寺におります時は、ほとんど四六時中、私の近くの自分の椅子に寝たり、わが子のダックちゃんとじゃれ合ったりするのを日課としておりました。

猫は、犬のように人にじゃれ付くということはしませんが、それでも、私が外出して、もうそろそろ帰って来るという時間になると、廊下で待っていて、姿を見つけると子犬のように廊下を走り回り、障子や鴨居に駆け登り、身体全体でうれしさを表現しておりました。たまに、私が用事で外泊いたしますと、どこへ行きますのかいなくなってしまい、帰寺後、皆で心配して、大声で呼び、探し回りますと、一、二日してから何もなかったような顔をして戻ってきます。「第二の家があるのかしら」などと話し合ったりもしておりましたことでした。

去る五月十二日、婦人会で淡路島の七福神巡りの一泊の旅がございました。前夜はいつものように、コダマちゃんの寝ている横を何度か通り、夜遅くまで旅の準備をいたしておりますと、丸くなって寝ながら、時々薄目を開けて「また明日はどこかへ行くのかしら」というように見つめておりました。

当日朝、バス旅行で早く出発です。本堂や諸堂のお勤め、お参りなど忙しく、いつものようにバタバタとして玄関を出ました。車に乗った途端、コダマちゃんに「ちょっと行ってくるから、おりこうさんに待っててね」と頬ずりしてくるのを忘れたことを思い出したのです。すぐに戻ろうと思ったのですが、その前日か前々日の夜、テレビで、留守番する犬に「行ってくるからね」と言って出ると、犬が悲しがり、家中をひっくり返すので黙って、そっと出た方が良いですよと、留守中の犬の様子を留守番カメラで映し出していたことをふっと思い出してしまい、猫のためにも黙ってそっと外出した方が良いのかもしれないと思って、後ろ髪を引かれる思いをしながら、そのまま出掛けてしまいました。

そして、お天気もよく、明石大橋を渡り、美しい瀬戸内海を眺めながら淡路島に入り、七福神の各寺をお参りしている間は猫のことは忘れておりました。そして数か寺お参りし、やっと宿に着きました。

その夜、お寺に電話を入れますと「何も変わったことはありませんが、コダマちゃんがいません」との返事でした。コダマちゃんも遊びに行くこともあり姿が見えないといって「いません」と断定しないでほしいと、変にその電話にひっかかるものがありました。

翌日は、無事にお参りを済ませ、出席の婦人会会員の皆さんも元気に和気あいあいと家路につきました。

帰寺後、タマちゃん、ダックちゃんはいますが、コダマちゃんの姿は見えません。あちこちと呼び探しましたが、とうとうその晩は帰って来ませんでした。でも、また二、三日もしたら、何事もなかったような顔をして、どこからか帰って来てくれるでしょうと、半分期待しながら、毎日、呼び探し続けましたが、とうとう何日待っても帰って来ませんでした。皆は「可愛いきれいな猫なので、だれかが連れていってしまって、どこかできっと可愛がられているのでしょう」と慰めてくれます。

しかし、それから四、五日後だったでしょうか、夜中に眼が覚めまして、ふと上を見ますと、小さい火の玉が、三つか四つからみながら、くるくると舞っています。その時は、思わず何か目を伏せて、また寝てしまいました。後で考えますと、あれはきっとコダマちゃんが別れに来てくれたのかしらと思います。「寂しがらないで」と、元気にくるくると舞っていたのでしょう。何か悪い物でも食べたか、また、事故に逢い寂しく死んでしまったのでしょうか。旅行前日の細目を開けて見ていた可愛らしい様子が頭から離れません。朝「行ってくるからね」と、しっかり抱きしめてあげればよかった、との後悔ばかりです。

「生きているもの、逢うものは必ず別れる」とは、仏教の教えですが、三匹の猫の中でも、少し心臓が悪いと獣医さんに言われてはおりましたものの、一番元気で、いつも駆けずり回り鴨居の上まで駆け上がり、親のタマちゃんにまで威嚇するほどでした。まさか、その元気盛りのコダマちゃんが急にいなくなるとは、夢にも考えなかった愚かさ、もう一度だけ抱きしめたい、せめてこの腕の中で死んでくれたらとの思いは、はかない愚痴でしかありません。

いつも今の状態が、同じ幸せが、いつまでも、いつまでも続くと、つい錯覚している私。本当の仏教の教えを頭で分かっていても、心で、お腹で受け止めていなかった自分に気付かせていただいたことでした。

「今！」「今！」の瞬間瞬間を後悔することのないように、いつ、このままで、だれとすべてと別れても後悔することのないように、今を全力投球で、最善を尽くして生きなければいけないことを改めて教えられたことでした。

そして、ご立派な方々でも、その実体は消え去り、姿かたちは失われ、写真をなでてみても詮ないこと、生命は再び蘇らず、さっと逝ってしまう生命のはかなさ、その生命のはかなさゆえに、また、今生かされていることの、この生命の尊さを改めてかみしめ、今あることすべてを、大切に大切に生活させていただかねばならないと、強く心に銘じております。

コダマちゃん、あなたは小さい身体で六年の間、精一杯、愛と慰めをくださってありがとう。きっと天寿国で本尊様のお側で幸せに過ごしていることでしょう。でも、今度生まれてくる時は、人間に生まれて、尼僧になって中宮寺を守ってくださいね。さようなら。

いただいている尊厳ないのち

このごろは大阪教育大学附属池田小学校の痛ましい殺傷事件をはじめ、考えられないような、目を覆いたくなるようなことがあまりにも多く、嘆かわしいことでございます。戦後、科学技術や医療の進歩には素晴らしいものがありますが、私たち人間は利便、快楽のみ追い求め、そのため、目を外にばかり向け、人間の内面・心の問題を顧みることを忘れ、教育の現場でさえ宗教などがタブー視されてきた一時期もあり、その「つけ」が今現れているものと思います。

子供たちを有名学校に入れ、一流企業に入れることなど、親はそのような見栄ばかりにとらわれている。そのような名誉・地位・財産、家、親子・兄弟・夫婦でも、それは、いわばこの世的なもの、死ぬ時は持っていくことの出来ない、つまりそれは人間の持ち物、装飾品のようなものです。そんな装飾品、持ち物にばかり心を奪われ、一時の欲望で人まで殺したり、贈収賄で捕まって一生を棒に振るなどは、何とばかげたことでしょうか。

本当に大事なものは「私たちの心」――〈私たち人間とは、私とは何なのか？　何のために、どこから生まれ、どこへ帰るのか〉を知ることではないでしょうか。

私自身、明日どんなことが待ち受けているのか、何も知ることは出来ず、暗闇の中を手さぐりで歩いているようなもので、一番近い自分のことすら何も知らないのです。

皆さん、ご自分のお顔を一度でもご覧になったことはありますか。ないと思います。鏡に映った顔は、映そうと思って見ている顔で、それが本当の自分の顔とは言えないはずです。

中宮寺妙光会の初代会長・平沢興先生が科学者の立場から、いつも「私たち人間は、アメーバーのような、確かに動く生命が地上に現れてから、猿など営々と進化をし続けてやっと三十数億年で人間の姿になったのです。人は母親の胎内でこれを一通り経験するのですが、いわば地球上に現れた一番新参者です。この新参者の人類が、地球上に出てきたとたんに横暴をきわめ、大先輩である弱小動物たちを絶滅に追い込み、どんどんと地球を破壊してしまっている。まさに〈人類よ、おごるなかれ！〉ということです」と、おっしゃっていました。

私たちの生活、この見たり、聞いたり、書いたり、考えたりの一つ一つの行動に三十数億年という生命の進化の歴史があるというのです。このようなものすごい財産をいただいていればこそ、私も今、こうしてお話することも出来るのです。あらゆる人が、生まれながらにこんな大変な財産を頂戴し、それをただで、何とも思わず使わせていただいているということです。

三十数億年もの間、営々として進化を続け、努力してきた人類の生命の総決算ともいうべき命をいただいて、今ここにあるということです。

それとまた、気づくか気づかないかにかかわらず、私たちは太陽・空気など天地草木あらゆるもののおかげで生かされています。私一人では何も出来ない人間、今この瞬間にも身体の中では呼吸器・循環器など、また何億という細胞が規則正しく働いてくれています。

天地いっぱいが総力をあげてこの私を生かしてくださっている生命。こうして刻々と生かされているありがたい生命。それも一度きりで二度とやり直しの出来ない生命。こう考え、振り返った時、生命の重さ、尊さ（尊厳）に気づかされ、いいかげんな生き方は出来なくなります。生かされているおかげに、感謝とお返しの人生しかないと思うのです。少しでも長く生きた大人の私たちが、若者たち、幼い人たちに、その生命の尊さを気づかせる方向づけが出来ないものかと思います。

このいただいている天地いっぱいの素晴らしいおかげに比べ、ふと自分を見つめると、自我のいかにも小さく、欲深く、あさましく、愚かであるかがわかり、ただ恥じ入るばかりです。そして謙虚にならざるを得ません。

生かされている本当の喜びがわかった時、感謝と謙虚な真心の生活ができ、自ずから平和な明るい・豊かな生活が展開されるはずだと思います。

今だけの外面的な上辺《うわべ》の、刹那的な喜びを追い求めるのではなく、心を内に向け、生かされている喜びに気づき、魂の底からふるえるような喜びを感じ、人間誰もが持っている向上心、真心が湧き起こります時、その家庭は温かく、和やかな憩いの場となり、感謝と喜びに満ちたものとなるでしょう。そこではすべてが明るい平和な社会になり、世界も平和になるはずだと思うのです。

祈り——東日本大震災によせて

このたび全日本仏教尼僧法団のお誘いをいただき、「東日本大震災追悼復興祈願」の催しに参加させていただく機会を得ることが出来まして、有り難く感謝申し上げます。

昨年、平成二十三年三月十一日、思い出してもおぞましいあの大震災と大津波の被害に、この世のものとは思えないテレビの映像に息を呑み、ご当地の皆様がいかばかりか、私に何かお手伝い出来ることがあれば、直ぐにでも駆け参じたいと心がはやりながらも、自分の年齢を考えると、ただただ足手まといになるだけではと、心をおさえておりました。このたびのご案内をいただきまして、早速、参加のお返事をさせていただきました。

ところが、たまたま、お恥かしいことですが、五月二十三日東京よりの帰り、奈良の西大寺で車に乗ります時、急にドアに振り回されるような形で、転倒してしまいました。そのまま掛りつけの病院へ行きますと、第三腰椎圧迫骨折とのことで、コルセットが出来るまでは絶対安静を言い渡されて、ベッドの人となってしまいました。心苦しかったのですが、国際ソロプチミストの行事などをお断りし、少しでも良くなって石巻には絶対にうかがいたいと、静かに養生に励みました。

おかげさまで、二十七日は快晴で、皆様とご一緒にJR仙台駅から二台のバスに分乗し、私たちは被災地石巻が一望出来る日和山公園に登り、そこで、卒塔婆を建てお花を捧げ、お香を焚いて、追悼法要をおこないました。行く道ではガイドさんから、「石巻は夏は涼しく冬は暖かで、穏やかなとても良いところですよ」とうかがいました。

現地の小高い丘でお参りをすませ、バスで被災地を廻りますと、被災地は、被災当時のままで、津波の後、火災ですっかり焼けて以前の面影もない校舎や、いまだにガレキや廃棄された車数百台の山々があちらこちらに積み上げられており、「ここは住宅密集地でした」との土地は、見渡す限り広々として、ただ雑草ばかりが青々と茂っておりました。

石巻市では小中高の学校の十六校が被災されたとうかがい、なおまた、いまだに千五百十四名の方が行方不明でいらっしゃることをうかがい、何と酷いことかと新たに悲しく胸の張り裂ける思いがいたしました。

あの時から一年以上も経っていますのに、復旧作業が進んでいないことに、驚きで胸の詰る思いがいたしました。一日も早い復旧復興を、ただただ祈り、願わずにはいられませんでした。

翌日には、林昌院様にて、午前中は東日本大震災による犠牲者への追悼法要、午後にはその復興祈願法要を行ないました。台湾の黄禅海師を始めとする台湾の尼僧様方と、全国から集まった私たち尼僧法団の尼僧たちにより、国境を超え宗派を超えて一つになり、感慨無量の有り難いお勤めを終えさせていただきました。その後、石巻教育委員会の方に、学校復興のための支援金を贈呈いたし、一日の行事が終わりました。

台湾の黄先生は、車椅子での参加を余儀なくされた私に、いつもやさしく気遣ってくださり、手を執っていただき、また皆様にはご迷惑をお掛けしたことと存じますが、本当に有り難い、感激のお勤めでございました。一日も早い復旧復興を心より念じております。

のぞみちゃんが教えてくれた母の愛、魂の歓び

のぞみちゃんが中宮寺に来たのは、生後一か月ほどの、可愛いヤンチャ盛りの雄の子猫でした。その後は、私を母親のように慕って、いつも側を離れず、私がパソコンや書き物をしている時は、横の椅子やソファーでくつろぎ、また眠っております。庭で遊んでいても、呼びますと直ぐに帰ってきます。そしてどこへ行っても付いてきて、お散歩にも行きます。本当に愛くるしい姿、いてくれるだけで心が和み、癒され、幸せな気持ちにしてくれるのです。

ある日ふと、のぞみちゃんの無心な可愛い寝姿を見て、なぜか急に、今まで思い出すことのなかった生母のことを思ったのでした。生母は私の三歳半の時に他界されました。

小学一年生の時に第二の母が来てくださいましたが、終戦翌年の昭和二十一年一月三日、母は戦中・戦後のご苦労がたたって、亡くなってしまいました。

生母はお顔も記憶も、幼かった私には残っておらず、新しい母のことを思いはかったのでしょう、生母の遺品は何一つ残っておりませんでした。私は母と申しますと、慈しみ育ててくださった母が愛おしく、「もっと長く生きていてくださったら、いい世の中にもなり、親孝行もさせていただけたのに」と、いつも懐かしく、有り難く思い出すのでございます。このように、子煩悩の父と母の愛情に包まれて育てられましたせいでしょうか、生母のことの記憶もないまま、それほど深く考えたこともなかった私でございました。

そして今は、こうしてのぞみちゃんが元気で横に寝ているだけで嬉しく、心が満ち足りておりました。そして、外泊などをいたしますと、一番にのぞみちゃんのことが気になり、必ず電話で様子を尋ねます。このことなどをふと思い、「のぞみちゃんは私が生んだ子供でもないのに、これほどいとおしい」、けれども「生母は若くして小さい私たち（兄と妹がおります）を残して、病に侵され、昭和九年二月八日に亡くなられました。生んでくださった私たち子供のことを、きっとどんなにか案じ、愛おしく思ってくださりながら、亡くなられたことかしら。今でも、きっとどこかで守っていてくださっているることでしょう」と、この年になってやっと生んでくださった生母の思いに、気づかせていただいたのでした。

そして、今頃まで気付かなかった愚かさ、親不孝を心から懺悔し、慈愛につつまれて、泣きぬれたひと時でございました。のぞみちゃん、本当に有り難う。こんなに大事な生母の愛を、今になってのぞみちゃんに教えられたのです。その夜は、魂の歓びを感じ、すべての愛情に包まれた幸せの夜でございました。

感謝――わが半生を振り返って

中宮寺の本尊「如意輪観世音菩薩」をご存知でしょうか。学説などから「弥勒菩薩」とも言われておりますが、当寺では、鎌倉時代よりずっと観音様として代々信仰いたしております。

この本尊様は、本当にお優しい、そして慈しみと清らかさを湛えていらっしゃるお姿で、「あらゆる方々の悩み、苦しみをいかにして取り除くか」とのお考えのお姿は、仏様の慈悲そのものでございます。

私も毎日この素晴らしい本尊様のお側でお勤めさせていただきます幸せを、私だけのものにするのでなく、本尊様のように清らかな慈愛のある眼差し、優しいお顔に少しで

東日本大震災追悼復興祈願法要にて
（石巻市林昌院にて。前列中央、著者）

も近づき、多くの方々に、安心と喜びと救いと信仰を差し上げることの出来る人間になりたいと念じ、「和顔愛語」を座右の銘に、よく揮毫させていただいております。果てしのない望みとは思いながらも、今年もまた、本尊様に「いつも穏やかな優しい笑顔と言葉で生活が出来、本尊様に少しでも近づかせていただきたい」とお願いしながら、拝ませていただいている私でございます。

私は昭和五年に生を受けましたが、かえりみますと、母は私が二歳五ヶ月、妹が産まれていまだ一年にもなりません時に他界し、私の小学校一年生の時に、新しい義母が来てくださいました。新しい母はまだわがまま一杯の私たち幼い姉妹を、親身になってやさしく育ててくださいました。兄は祖父母のもとで育てられておりました。小学生の頃の私は身体が弱く、学校は半分ほどしか出席しなかったと思います。そして小学校三年生の時に肺炎を患いまして、もう危ないということで心配ばかりかけておりました。近くに住んでいらっしゃいました親戚など、皆さんが右往左往していてくださったとのこと。その苦しい夜中にふと目を覚ましますと、母がそばに座り心配そうに見守っていてくださって、とても嬉しかったことなどを今もありありと思い出します。そしてこの母から輸血をいただき、一命をとりとめました私でございます。

そして、第二次世界大戦もいよいよ激しくなり、私たち一家は、昭和十九年三月に、東京から田んぼの真ん中の辺鄙な京都の上賀茂の一軒家に疎開してまいりました。近くには、お店も何もなく母には大変苦労していただき、それがたたってか、昭和二十一年の一月三日に母はとうとう亡くなってしまいました。私の満十五歳の時のこと、妹は十三歳でございました。本当に、戦中・戦後は苦労の連続の時代でございました。

父は子煩悩で、とても教育熱心で、「孟母三遷」という言葉もありますが、子供の教育、学校のためなら家を引っ越すことをいといませんでしたが、当時の母にはいかばかりご苦労があったことかと申し訳なく思うのです。

幼稚園は京都におりましたが、大阪に越して小学校は蛍ケ池から定期券を持って大阪府池田師範学校附属池田小学校に通いました。四年生になるとき東京に引っ越し、父の母校（学習院）の姉妹校でもあります青山の女子学習院に編入いたしました。同級生には順宮厚子内親王殿下がご在籍でいらっしゃいました。

池田附属小学校のお友達は、関西に帰ってからは再びずっとお親しくし、先年の秋のインド旅行には、お一方はご一緒に参加してくださり、また他の方もお二方が家が近いからと出発の際は伊丹空港までお見送りにいらしてくださいました。

学習院のお友達も本当にお親しくさせていただき、関西常磐会では、ある時は、池田厚子様を交えて五名でご一緒に幹事のお役をお受けし、同窓会に、伊勢神宮にお参りさせていただき、その後、エクシブ鳥羽などの合宿のプラン等を練りまして、何度も何度も楽しくお集まりや、ご一緒に宿泊もいたしております。こうしていまだに学校のお友達との嬉しいお親しいお交わりが続いておりますことは、本当に幸せな嬉しいことでございます。年に一度のクラス会にも、都合のつく時は出席するのも楽しみの一つでございますし、また中宮寺の東京妙光会にもお友達がお入りくださり、ご出席していただいておりますことは本当に嬉しいことで、恐縮いたしております。

ただし学校でも、京都府立京都第一高等女学校だけは、女学校二年生の四月に転入して五年生三月に卒業するまで四年間も在籍いたしておりましたが、戦中・戦後の私どもの一番辛かった思い出したくもない時代であり、義母を亡くしたことのショックは大きく悲しく、特に私たち兄妹にとっても思春期で母が恋しい時でもあり、またその後の時代的（戦中・戦後の時代）にも、また日野西家といたしましても、あまりにも変化の激しい時代に振り回されておりました。

女学校在学中は農業動員であちこちの農家へ、さつまいも掘り、苗植え、稲刈りとお手伝いに行き、その後は学徒動員で終戦までずっと三菱重工業へ行き、始めの頃はまがった釘を伸ばす作業とか、後には仕事もないことが多うございました。また、家に帰っては、薪を拾いに山に行き、畑でお野菜を作り、家の田んぼでとれたお米を紡ぎ、また刈りたての玄米をビンに入れて棒でついて精米するのです。

そして戦後は学校では真っ黒に墨で消した教科書で勉強しましたり、また母が亡くなった私たちは、ただ、だだっ広く戸締りも出来ない家で、留守番のために学校を休みましたり、時には主婦のまねごとのように、帰りに何か食事の用意の買い物をして帰り、お食事の支度もいたしました。お食事の支度といっても、今のように電気・ガスもなく、竈《かまど》で火をおこし、薪《たきぎ》を燃やして炊くのです。お手伝いさんのある時もない時もあり、勉強どころではありませんでした。

また父の留守の時などは、母の亡くなった後でもあり、兄、妹、お手伝いさんなどと「人間は死ぬとどこへ行くのか、人はどこから何のために生まれて来ているのか」など、時を忘れて夜遅くまで人生論などを話し合ったことでございました。なおまた、お蔵に泥棒が三度ほど入り、母の形見や目ぼしいものをすっかり持ってゆかれてしまいました。

父は貴族院議員でしたが、戦後は貴族院が解散になりまして、戦前育ちの人の良い殿様でした父は、「友人と明日から会社を始める」と、喜んで皆でお祝いもして、翌日、父がまいりますと、そこはがらんどうで何もなく、刀とかいまだ家宝として残しておりました物を持ってゆかれ、友人（?）に何度か、すっかり騙されておりまして、皆で悔しがったことを思い出します。斜陽族のか弱い私たちは、本当に辛い目にばかり遭わされておりまして、悲惨な数年でございましただけに、何も良い思い出がございません。

私も小さい頃から勉強が好きで、ナイチンゲールに憧れて、女医になりたいという夢を持っておりましたが、戦後すぐの当時は、いまだ今のようにアルバイトというものもなく、進学をあきらめて就職を余儀なくされたということでございます。「若いうちの苦労は買ってでもしろ」とのことわざもございますが、あの頃の苦労があり、いろいろな体験をさせていただいたからこそ、今の私があることを、しみじみと有り難く感じております。学習院のお友達の皆様も、本当に多かれ少なかれ、あの当時はいろいろとご苦労をなさったということをうかがっております。

そんな中で楽しかったことは、兄妹三人とも子供が好きでしたので、近所の子供達を集めて日曜学校をしておりまして、八瀬遊園地にも子供達をつれて遠足に行ったことなど、写真も残っておりますが、なつかしい思い出の一つでございます。

ほどなくして、父の従兄弟の村井資長（早稲田大学第十代総長を勤める）が自分の家を開放して村井幼稚園を開園いたしておりまして、そこに私たち姉妹を呼んでくださって、お手伝いすることになり、市川市にまいりました。そして元来子供が好きで、歌やおどりも大好きな私は、幼児教育の大切さ、幼児期（「つ」の字のつく間――一つ、二つ、三つ、四つ、……九つ）に子どもの性格形成が出来上ることや、また、子供を見ていますと家庭が解かり、子どもは母親の生き写しであるということ、つまりは母親の大切さなどを学び、この仕事に一生を捧げたいとも思うようになりました。

そして間もなく学習院のお友達のお誘いがあり、聖心女子学院の幼稚園に移りました。そして幼稚園教諭として生き甲斐を感じながら仕事に打ち込んで、十年が過ぎておりました。

そんなある時、たまたま京都の光照院門跡であり、京都吉水学園尼僧専修学校の校長でありました大叔母（祖父の一番下の妹、祖父資博は明治天皇の侍従として十七歳のとき明治十九年から明治四十五年の明治天皇崩御まで二十七年間奉職いたし、後、宮中顧問官・宮内庁京都御所出張所所長などを務めておりました）に誘われ、中宮寺にご縁をいただいたのでした。

そしてこれから女性が一人で生きていくためには、出家することの大切さと、何か世のお役に立てる本当に有り難い有意義な仕事であると同時に、仏様につつまれて生活出来る幸せなどを諄々と諭されました。幼児教育に一生を捧げて生きて行くことを決めておりました私ではございますが、素晴らしい本尊様におすがりし、今までのことの総てを懺悔し、新しい道に進むことを決心いたしました。


昭和三十六年三月、法隆寺佐伯良謙管長猊下に受戒得度を受けて入寺いたしました。私は満三十歳になっておりました。当時の中宮寺は、前年の八月に六條門跡が、また、前々年に近衛尊覚門跡が遷化されており、九十二歳を筆頭に八十三歳の原田智明執事長を始め、八名の尼僧がおり、何れも四歳、五歳の頃から縁があって入寺しておりまして、それは賑やかでございました。

しかしその後、二年間の尼僧専修学校の業を終えて帰りました時には、ご住職門跡はもとより、中心になって「いろいろお教えいたしますから、一緒にお蔵へも入って……」と力になってくださるはずの智明尼と、その上の雄章尼も亡くなっており、力になってくださる方もいらっしゃらなくなってしまったのでした。何とかあるがままに受け入れ、ただひたすら道を求め、今から思いますと、よく生きてこられたと感慨無量でございます。

大きな一つの支えは入寺に際しまして、高松宮様の有栖川文庫の御用掛りを勤めておりました叔父が、宮様の官舎におりまして、私の入寺をお聞きあそばしました妃殿下は、「これを私と思って側に置くように」とお時計をたまわり、いつもお心にお掛けあそばしていただいたことでした。

そして入寺の直後より、「今の本堂（当時は木造）では、庫裡との隣り合わせで、素晴らしい本尊様に火災などの心配があるので、鉄筋の耐震・耐火の本堂を建てますから」とおっしゃっていただき、御自ら当時の政財界の重鎮、高碕達之助氏や大丸の北沢敬二郎社長を始め、奈良国立博物館石田茂作館長、また美術史家矢代幸雄先生などとご相談になられ、吉田五十八先生の設計による本堂（当時は収蔵庫として）を、私が尼僧専修学校に行って留守の間からも、どんどんと進めていただいておりました。

私の入寺間もなく大きな台風が来まして、木造の本堂で雨戸も吹き飛ばされそうになりながら、中と外から掛け声を合わせて皆で押さえ合ったことが思い出され、現在の本堂をご建立いただきましたことの有り難さが、ただただ身に染む思いでございます。

本堂建立に際しまして、高松宮妃殿下の、「何か尼寺にふさわしい花を、そして山吹寺の別名もつくように」との思し召しで、四季折々の花や、山吹の花をお堂の回りにたくさん植えていただきました。それ以来、年々美しく咲き誇りますので、これを皆様にも愛でていただきたいと、本堂建立の翌年から山吹の花の盛りには、山吹茶会を開催いたしております。本年で四十九回目となりました。早いものでございます。

思い返しますと昭和四十四年の四月、初めは一日だけ催しておりましたが、後に二日間になり、お献茶もお願いいたし、だんだんと盛大になってまいりました。裏千家お家元には「隔年にご献茶をしましょう」と仰せいただき、他にも表千家お家元、官休庵お家元を始め、各お家元にお献茶をたまわり、毎年皆様方に懸釜をお願いいたし、皆様にご迷惑をおかけいたしております。本当に有り難いことでございます。

そして高松宮妃殿下の思し召しによりまして、三笠宮妃殿下におゆずりあそばされ、現在は高円宮久子殿下が奉賛会総裁宮殿下として毎年総会にお出ましあそばしていただき、お言葉までたまわります有り難さは、何にも喩えることは出来ませず、ただただ勿体なく有り難いことでございます。

なおこの間に、法隆寺様では法隆寺夏期大学が毎年ございまして、私の入寺当初より十年ほどは、三十名ほどでございましょうか、毎年、中宮寺にお泊りになっておりましたので、四泊目の最後の夜には本堂で法話もいたしておりました。

そんなある時に、私の夢として「この斑鳩の地、おやさしいご本尊様のお側で皆様にお泊りいただいて修行をしていただく修行道場を作りたいと思っています」と話しておりましたら、ある日、富山のご婦人が「思わぬお金が手に入りましたので、ぜひこれでご門跡様の夢を叶えていただきたい」と、当時のお金で五百万円をポンとご寄付くださいました。急な大金に驚きましたが、せっかくのお心であり、またこれはご本尊様がこれで夢を実現しなさいとの思し召しかと思い、それ以来、何とかその方のお心にも添えるようにと、書画を書くことなどを増やしたり、道場建設のための貯金を始めました。

またある妙光会の方は、胃癌で危なかった時に「ご本尊様が夢にお出ましになり、おかげさまですっかり病気も治りました。ご恩に何かかたちになるものを残したいと願って、ご本尊様のお守りを作らせていただきました。ぜひこのお守りで道場が出来るように、少しでもお力になりたい」とのお申し出がありました。

なおまた、昭和四十七年よりご遷化まで、神戸祥福寺禅道場師家でいらっしゃいました山田無文老師に、臘八接心をはじめ、時々通いまして参禅させていただいておりました。（山田無文老大師様は、花園大学の学長をお勤めになり、のちに妙心寺第二十六代管長になられました。）この無文老大師様より、ご親筆のお軸百本を、「これを道場建設の足しにするように」と頂戴いたしました。このようにそれ以来、妙光会でも賛同していただき、妙光会を中心に会長の平沢興先生（元京都大学総長）が率先して募金帳を作り、募金活動をしてくださいました。

ちょうど折りしもバブルの時代でもありまして、十年間ほどで三億円のお金が集まりました。その間に平沢先生はお亡くなりになられ、元南都銀行頭取阪本龍児様が妙光会の会長をお引き受けいただき、平沢先生から「中宮寺の道場を頼む」とおっしゃられたということで、募金活動や建設促進にご尽力いただきました。

しかし、高松宮妃殿下は、「女性がそんなことをすることはない。尼僧は読経三昧、写経三昧をして静かに暮らしたら良い」との思し召しで、道場建設に関しては消極的なお心をお持ちでいらっしゃり、またそれをあおるような責任役員の方もいらっしゃり、他の責任役員の方々も皆様、妃殿下のお心に同意なされ、十年間は実際の建築につきましては、遅々として進みませんでした。

このように十年も経ちまして、五百万円をくださった方に対して、建設もしないで十年間も放っておくことは申し訳なく、募金に応じてくださった方々にも申し訳ないということ、また詐欺のように思われても困ることを考えておりましたが、ある日、「ご本尊様の思し召しで良いことだ」と。「どうしてこのような良いことに賛成していただけないのか」と悶々として募金を勧めておりました建設に対する捕らわれがあったことに、ふと気付きました。そして、ちょうどバブル期で利息も多く付きましたので、「募金に応じてくださった方々には二倍にしてお返ししましょう」と思い付きました。こうして建設に対する執着が解き放されました時、急に心が軽くなりました。妙光会の役員の方々にもこのことを申し上げ、ご相談いたしておりました。

ちょうどその時、妃殿下の思し召しに対して、私が何か悪いことをしているかのように言っておられました責任役員の方々がお年で急にお辞めになられることになり、新しくご先代裏千家鵬雲斎千宗室お家元様（現、玄室大宗匠）、近畿日本鉄道元社長上山善紀様、大和ハウス社長石橋殺一様、そして以前からの阪本龍児様が責任役員にご就任してくださいました。

こうして新道場の建設をあきらめ、ご寄付くださった方に二倍にしてお返しすることを思いつき、「何としても道場を建設しなければ」という強い思いから解き放たれた時、その途端、十年間も進みませんでした道場建設へと道が開けてまいりました。これはお釈迦様の、み教えを体感して解らせていただいた瞬間でした。

お釈迦様のおかくれ（涅槃にお入り）になる最後のご説法に、「四諦・八正道」の教えがあります。

「四諦」とは「苦・集・滅・道」をいい、「苦」はこの世は苦しみに満ちている。それは生老病死があり、四苦八苦といい、いろいろの苦しみがあります。「愛するものとも別れなければならない苦しみ」「嫌な人・嫌なこととも出会う苦しみ」「欲しいものが得られない苦しみ」「自分という身体があることからくる、いろいろな苦しみ」、これらが根本的な「四苦」なのです。

私たちは、生きている今があると思い、この世が実在すると思い込み、いろいろな物事に捕られて生きています。それは、「自分が」「自分が」と自分に捕らわれ、自分第一、自分本位にすべてのことを見、また考えがちです。自分に捕らわれ、いろいろの出来事に捕らわれるこの執着を、釈尊は「集」と仰せになり、すべてこの執着、「集める」

ことから苦しみが生じるのであると説いてくださっております。

それでは、どうすればこの「集」を解き放ったらよいのでしょうか。

これについてお釈迦様の「三法印」のお教えがあります。仏教として、他の教えと違う三つの教えです。すなわち「諸行無常」「諸法無我」「涅槃寂静」の教えであり、聖徳太子様はこれを、「世間虚仮 唯仏是真」とお説きになっていらっしゃいます。

この世の中は絶えず移り変わり、実在して動かないものは何一つないのです。時を今と捉えると、それはすでに過去の時になってしまいます。また知らず知らずのうちに老いてもいきます。私たち自身でも、よく考えますと本当に絶対に変わらない自分があるでしょうか。絶対に変わらない自分はないのです。「無我」なのです。身体は常に新陳代謝し変化しています。心も毎日いろいろで、喜び、悲しみ、また悔い改めると、気持ちも良くなります。

例えばある人と喧嘩をしたとしましても、その人も直ぐに「悪かった。ごめんなさい」と思っていられるかもしれません。済んだことにくよくよと捕らわれず、いつも新しい自分、新しい時、新しく日々変化するこの素晴らしい大自然と向き合って生きることが、大切であることを説いてくださっています。これが「諸行無常」「諸法無我」であり、聖徳太子様はこのことを「世間虚仮」、すなわち「今、生かされているこの世界は、虚であり仮である」とおっしゃっていらっしゃいます。

このように執着のなくなった時、苦しみ、憂いのなくなったこの静かな穏やかな世界を「涅槃寂静」と仰せになり、先の「苦・集・滅・道」の「滅」がこれであり、このようにあらゆる捕らわれから吹っ切れ、煩悩から解放された時に、本当の安らぎが得られる。すなわち、蠟燭の炎がふっと吹き消されたような静けさ、静寂な心に入ることが出来ると説いてくださっています。そして、このような心での道、「八正道」つまり、八つの正しい生活を行う「道」を、「物事を正しく見、正しく行う八つの道」をお示しくださっております。

次に聖徳太子様は、「世間虚仮」（この世は実体がない「空」である）の次に、「唯仏是真」と仰せになっていらっしゃいます。これは、「実存し不動であり真実であるものは、仏のみである」との仰せです。この「仏」とは、仏像のことでも、また仏陀（釈迦牟尼仏）のことでもないと思います。先ほどから申しております釈尊の教え、「無我」、つまり自分に執着し煩悩でガンジガラメになった「我」「自分」の心が解き放たれた「滅」の世界、涅槃寂静の境地が仏であり、人間誰しも本来仏である、と。これを釈尊も聖徳太子様も説かれております。
白隠禅師の『坐禅和讃』にも、次のように説いておられます。

衆生本来仏なり
水をはなれて氷なく
衆生近きを知らずして
たとえば水の中にいて
長者の家の子となりて
六趣輪廻の因縁は
闇路に闇路を踏そえて
夫れ摩訶衍の禅定は
布施や持戒の諸波羅蜜
其品多き諸善行
一座の功をなす人も
悪趣いずくに有ぬべき

水と氷のごとくにて
衆生の外に仏なし
遠く求むるはかなさよ
渇を叫ぶがごとくなり
貧里に迷うに異ならず
己が愚痴の闇路なり
いつか生死を離るべき
称歎するに余りあり
念仏懺悔修行等
皆この中に帰するなり
積みし無量の罪ほろぶ
浄土即ち遠からず

辱なくもこの法を　一たび耳にふるる時
讃歎随喜する人は　福を得ること限りなし
いわんや自ら回向して　直に自性を証すれば
自性即ち無性にて　既に戯論を離れたり
因果一如の門ひらけ　無二無三の道直し
無相の相を相として　行くも帰るも余所ならず
無念の念を念として　謡うも舞うも法の声
三昧無礙の空ひろく　四智円明の月さえん
この時何をか求むべき　寂滅現前するゆえに
当処即ち蓮華国　この身即ち仏なり

とありますが、私の大好きな和讃です。この本当の自分、本来の、もともとの我れを「真我」といいますが、「私たちは皆、もともと仏であると気づき、この真我を求めましょう」と。これが仏教の教えであります。私どもはこの有り難いみ教えをたいし、これを求めて、日々修行させていただいております。

理屈ではお釈迦様のみ教えとして分かっていたはずの執着心が解き放たれた途端に、私の心は軽く晴々とし、道場建設がスタートすることになりました。釈尊のみ教えを、身をもって体得させていただいたのでございました。これもご本尊様の深い思し召しであったと有り難く感謝いたしております。

しかし時すでにバブルは崩壊し、少し前ならもっと立派な建物もできたことも考えられますが、建築費は高騰し、借金を余儀なくされたのでございました。

平成四年、無事に落慶し、お茶室は裏千家お家元に「聖光庵」とご命名いただき、鵬雲斎お家元ご夫妻による扁額を頂戴し、そのテープカットをしていただきました。平成七年には三笠宮妃殿下にお成りいただきまして、「鳩和殿」のご命名による素晴らしい妃殿下ご直筆による扁額をたまわり、テープカットをあそばしていただきました。また、前年の平成六年には奉賛会名誉総裁に妃殿下を推戴させていただき、関西電力の小林匠一郎様を会長に仰ぎ、発会式を執り行なうことができました。その後、奉賛会会長は近畿日本鉄道社長山口昌紀様にお願い申し上げておりましたが、山口会長が昨年逝去され、本年平成三十年より小林哲也近畿日本鉄道会長が当会長をおつとめいただきました。総会では、総裁宮殿下の有り難いお言葉をはじめ、会長様や大勢の会員の皆様の温かいお心を頂戴でき、嬉しく勿体ないことでございました。

振り返りますと、日常生活では、古参の小さい子供の頃から出家しております大勢の尼僧の中で、在家の時には味わったことのない、いろいろな辛い悲しいことなど、苦労が多うございました。いつでしたか、もう四十年ほど前のことでしょうか、四柱推命をよく見られ、またそれがよくあたる方で、人の採用などでいつもご相談にのっていただいていた方が近くにおられましたが、こちらから何も聞いておりませんのに、ある時お茶会にいらっしゃってくださった時に、「ご前様、今のあなたは明け方ですよ。もう間もなく夜が明けます。もうしばらくのご辛抱ですよ」と、何気なくおっしゃってくださいました。私は「誰にも自分の辛さは話したことがなかったのにあの方は知っていてくださったのだ」と思うと、涙が溢れて止まりませんでした。

それと父の子煩悩のことは先ほど書きましたが、いつも「身体髪膚、これを父母に受く。あえて毀傷せざるは孝の始めなり」(「開宗明義章」)とよく申しておりまして、子供の頃、私がころんで怪我をしますと、「きょろきょろしているからですよ」などと、いつも心配のあまり怒られてばかりおりました。兄が亡くなった時も、「あきら(兄の名前は資英《すけあきら》）は親不孝ものだ」と本当に深く沈んでおりました。苦しい辛いことが多かった私は、自死を考えたこともありましたが、父を悲しませないために思い留まったこともしばしばでした。父が亡くなった時は、その淋しさの中で、「もう死んでも大丈夫。心配をかける父もなくなったのだから」と、本心で考えたことでございました。

いつころのことでしたでしょうか、ずいぶん前のことですが、今から考えますとお恥ずかしいことですが、さまざまなことがありまして四面楚歌の状態になり、もうどうしても我慢が出来なくなって、中宮寺を出ようと決心したことがありました。親戚の尼僧がいらっしゃる奈良の興福院にお電話し、「私はどうしてもお寺を出たいと思うので、興福院様にお世話になってもよろしいでしょうか」とお尋ねいたしましたところ、ご住職の徳明尼は「弟子たちに相談してからお返事をします」と。間もなく「皆も光尊さんが来られてもかまわないと言っているので、どうぞいつでもいらっしゃい」とのことでした。

お寺を出ることができると思うと心も軽くなり、高野山の師匠にそのことをご報告かたがたご相談いたしました。師匠には直ぐに許していただけると思っておりましたところ、今までになく厳しい口調で叱咤され、「み仏の使命であるとの深い信念をお持ちなさい！　本尊様の立場に立って、本尊様の使命に立ってお考えなさい！　お寺の犠牲におなりなさい！」と諭され、はっと気付きました。人々の口車に左右されていた自分、いまだに「自我」が死にきれていなかったことを反省いたしました。師匠のお言葉がなかったら今の私はないことを思い、それからも本当に有り難い支えにさせていただいております。

ちなみにその恩師とは、高野山親王院のご住職中川善教前官師で、その房を絶戯台と号され、お若いころは法隆寺の勧学院佐伯定胤猊下のもとに十七年間遊学され、一生を妻帯せず、精進を貫かれ、後に高野山大学学長をつとめられました。私が法隆寺で出家得度の折り、老尼がお親しい清水寺の大西良慶猊下に私のことを相談されましたところ、「これから加行、灌頂を受けて学ばれるのには、高野山の中川善教師が良いでしょう」とご推薦くださったとのことでした。

その後は、「もっともっとばかになりたい……」「自我をなくしたい……」と。そして、お寺・本尊様にお報いすべく、真の道を求めようと努力いたしました。

寒行の托鉢を始めることにしまして、太祖穴穂部間人皇后開山忌一月十九日、墓参の後より、お参りくださった皆さんと町内を二時間、托鉢、翌日二十日からは、夕方五時より二時間、全五日間の托鉢行を行ないました。前日の雪が残っており、みぞれまじりの吹雪の寒い日もありましたが、皆さんもよくついて来てくださいました。町内をよくご存知の香輪会の方の先導で、「破有為」と大きな声でお唱えし、斑鳩の町の皆様のご無事、ご息災を念じながら、「今日はどの地域」「明日は何処」と廻らせていただきました。

初めの間は、藁草履の足が冷たくて凍えそうにもなりましたが、それも心の持ち方、力の入れ方で温かくなるコツも次第にわかってまいりました。なお、お布施をいただきますと、そのご家庭のお幸せ、ご先祖様のご供養もかねて、皆で心を込めて『般若心経』をお唱えいたします。そして、帰りまして本尊様に感謝のご報告を申し上げた後の心は、臘八接心に坐らせていただいた後とも同じく、何とも言われない爽やかな有り難い心持で、「また来年も……」と思わずにはいられないのでございます。

同じ時期、先ほど記しました山田無文老師様への参禅をさせていただきました。それと、ずっと今も続いておりますことは、寺におりますかぎり、晩には、亡くなった小動物などへの供養をかねまして、施餓鬼をさせていただいております。これも私にとりまして有り難い日課でございます。

また、短歌について少し触れさせていただきますと、私ども京都では霞会館で、毎月一度、向陽会のお歌会がございます。向陽会は、明治天皇の思し召しによって始められた会で、有り難くも明治陛下よりのご下賜金によって運営されていたと承っております。これが現在まで脈々と続けられております。

私も学習院時代には国語の授業で少し短歌をお習いし詠んだこともありましたが、その後はご縁もなくすっかり忘れておりました。入寺いたし、尼僧学校を卒業してお寺に帰りましてより、向陽会に入れていただき、父や、光照院の大叔母もおりまして、また興福院の徳明尼を始め皆様とお目にかかれるのが嬉しくて、曲りなりにも少しずつ勉強させていただき、今日まで続けさせていただきましたことを思いますと、本当に嬉しく有り難く存じております。

折しも本年は向陽会創設百三十年の記念すべき年に当たります。

敷島の教えの道の有り難く
踏めども尽きせぬ　みあと慕ひて

そして、六月二十三日には、京都ホテルオークラにおきまして、三笠宮彬子女王殿下のご臨席のもと、式典・祝宴が賑々しく執り行われました。

祖父母・父母など代々皆の者が、この道で学ばせていただいておりました向陽会で、私も学ばせていただき、この良き年を皆様とご一緒に迎えさせていただきましたことの、有り難さをかみしめ、伝統の重みをひしひしと感じさせていただきましたことでございます。

なお申し遅れましたが、入寺以来、寺内では中宮寺婦人会、妙光会などの会で法話をいたしましたり、また週に一度の人生相談などいたしておりましたが、もっと大きな目で世の中を眺めます時、世界ではどこかで絶えず内戦が続き、多くの避難民や、飢餓や貧困に泣くかわいそうな子供達の様子が、毎日のように報道されております。それらに対しましても、私個人の力はいかにも小さく、いかんともすることの出来ないことを痛感いたしておりました。

その頃たまたま、世界的に活動しておられます女性の奉仕団体、国際ソロプチミスト（一九二一年、アメリカ・オークランドで発足。国連NGO-5のひとつ）を、裏千家お家元の御祖母様の千嘉代子様が、「日本にもこの奉仕の輪を広めたい」との思し召しで、日本各地域に国際ソロプチミストが認証されました。そして一九七二年の秋には、国際ソロプチミスト奈良が認証され、私も奈良の他のご門跡様とご一緒に入会させていただきました。

それ以来かれこれ四十五年も過ぎようといたしております。奈良クラブ時代には、中国の砂漠緑化運動に賛同して、当時の奈良県内のクラブの皆さんと、たびたび中国山西省に植樹に赴きました。当地は今では木々が青々と茂り、あんずの実も生っていることをうかがいますと、懐かしく嬉しい思い出でございます。

その後、奈良クラブから、奈良‐まほろばクラブを創設・移籍いたしました。その間には、クラブ会長をはじめ、リジョンの役員や委員長などもさせていただき、女性と女児の地位向上や、国内外の救援・救済活動などに微力ながらご奉仕させていただいております。

そして国際ソロプチミストでは、同じ目的を持つお友達が仲良く集まり、共同で奉仕活動をいたしますので、皆様と直ぐにお親しくなり奉仕活動も本当に有り難く楽しく、各地方に大勢のお友達が出来ましたことが何よりも幸せな有り難いことでございます。

いま振り返りますと、ある時は、お経をお唱えしておりまして、「これは私のために
お釈迦様が説いてくださっているのだ！」と、ただただ有り難く涙が溢れて泣きながら
お経を上げさせていただきましたこともありました。また、ご本尊様のお守りをひしひ
しと感じさせていただきまして、こうしていろいろの経験をさせていただきましたから
こそ、今の私があり、この有り難さ、幸せ、幸福感を味わい、噛み締めることが出来る
のでございます。ことに父母を始め、今までの素晴らしい方々とのお出会いをいただき
ました喜び、それは勿体なくも宮様でいらっしゃいましたり、師匠でありましたり、多
くの多くの友人であり、本当に本当に幸せな幸せな私を感じさせていただくばかりでご
ざいます。

皆様方のお一方ずつに、ただただ有り難く御礼を申し上げて巡りたい気持ちで一杯で
ございます。本当に温かいお心をたまわりました全ての方々に心からの感謝を申し上げ
ます。有り難うございました。

おわりに

このたび、薬師寺安田暎胤長老様ご夫妻より「今まで書き溜めていた法話をまとめて出版しては」とのお薦めをいただきました。出家修行直後の昭和四十三年頃の「聖愛誌」（高野山出版社）に投稿させていただきました本当に初歩の原稿から、近年の雑誌等に掲載したものまで、多くのさまざまな原稿を探し出してまとめましたものでございます。四十年以上も前のものもあり、その時代を反映する表現などありますことをお許しいただきたいと存じます。

それに加えて、私は法話をさせていただきます時は、筋書きのみを記しまして、その場の雰囲気によって色々と変化をつけてお話させていただいておりましたので、原稿はきちんと書いたことがなく、また、いつも皆様に申し上げたいことは同じようなことが多く、どうなりますかと心配しておりましたが、何とかまとめていただいたようで、嬉しく、安心いたしました。

最近、以前から存じ上げておりました三千院門跡のご門主、堀澤祖門師（比叡山で十二年籠山行という大変な苦行を戦後初めて達成され、また色々なご修行の後、お覚りを開いていらっしゃいます）から、ご本を頂戴いたしました。私のこの本をまとめました後に拝見いたしましたので、あらためてここに紹介をさせていただきたく存じます。

「私たちは皆、仏である」とは、私も白隠禅師の『坐禅和讃』を引用して、「水と氷の如きもの」と既に書かせていただいておりますが、このことを堀澤師は、ベトナム出身の禅僧ティク・ナット・ハン師のたとえを引用されて、「仏は水、人は波」と説いておられます。曰く、「我々は波のようなもの。一つの波は「その個としてのいのち」を生きているが、同時に「水のいのち」をも生きている。多くの人は自分を波だけだと思っている。しかし絶え間なく変化し続ける波であると同時に、本質的に何一つ変わらず、滅することも生じることもない水である――。そう覚った瞬間から、人は生と死という概念から解放される」と。そして私たちは「今、ここ即ち仏であったと気づく」だけでいいと説いておられます。

そしてなおまた、この世・今生きているこの世界は、実際に在るものでない「仮有」であると。私はいつも、今あると思っている自分は、じつは「それぞれ今まで生きてきた過去の集大成である自分の影であり、実在ではない」と申してきました。千四百年前、聖徳太子様も既に「世間虚仮　唯仏是真」と仰せになりました。

堀澤祖門師は、このことをもっと分かり易く説いてくださいました。師は、「自分も相手も何もかも、総てが仮の存在だ」ということを、「この世は「実有」ではなく、「仮有」である」とのはっきりとした認識によって、「自分が」「自分が」という自我に振り回されて執着してしまうことから離れて、「空」の世界に、つまり執着を超え、執着から離れることが出来るというのです。そしてじつは「仮有」とは「妙有」、妙なる存在、優れた存在であって、そこで初めて人は、あらゆる観念から自由になり、生き生きと闊達に、自在に生きられるようになる、と述べておられます。

私ども中宮寺は、聖徳宗（元は真言宗）であり、毎日の修法（一般には行法という）で、有り難い本尊如意輪観世音菩薩様に「入我我入」して、一体にさせていただき、また阿字観では、蓮華の上の梵字・阿字を観想して、その阿字と一体になり、これを世界に、そして全天地宇宙にと広げて一体となり、また、それをも空じてゆきます。すなわち要約しますと、私たちの生滅無常の生命が、そのまま不生不滅の永遠の生命であると達観する大乗仏教の人生観、また大日如来を阿字の一字に要約された密教禅でもあるのでございます。

この本が無事に刊行の運びとなりましたこと、あらためて春秋社の神田明会長、澤畑吉和社長、佐藤清靖編集取締役、ほかの皆さまに心より御礼申します。

また、こうして元気に米寿を迎えさせていただきますこと、本当にみ仏様、皆々様のおかげさま、生かされておりますことの幸せをかみしめております。本当に有り難うございます。

最後に堀澤祖門師の「覚り」の書物より、ティク・ナット・ハン禅師の「波と水」の譬えを、ここに引用させていただいて終わりといたします。

最も大いなる安らぎ「ニルヴァーナ」

私たちの中には大きな恐れがあります。死、孤独、物事が絶えず移り変わっていくこと――わたしたちはあらゆることを恐れています。（中略）

「今ここ」に完全に心があるときのみ、完全な安らぎと幸福を経験出来るのです。どんな波も水という要素から出来ているのと同じように、ニルヴァーナは私たちの存在基盤です。（中略）

ここで一緒に、海の波を深く見ましょう。

ひとつの波はその個としてのいのちを生きます。しかし同時に水のいのちをも生きています。

波が自らに向き直り、自身に触れてみるならば、自分が水であることに気づきます。その時、恐れのない状態、すなわちニルヴァーナに達するのです。

ニルヴァーナは私たち自身

ニルヴァーナは、探し求めるものではありません。なぜなら、ニルヴァーナは私たち自身だからです。波が既に水であるように——。波に水を探す必要はありません。波は水そのものなのですから。

深く生きるならば、ニルヴァーナに——究極の現実である不生不滅の世界に触れることが可能になります。

そのとき、一切の恐れが消え去ります。自分が何者であるかを、真実の世界を、身をもって知ったからです。

平成三十年九月十九日

中宮寺門跡
日野西光尊

日野西光尊（ひのにし　こうそん）
1930年、東京に生まれる。
1943年、女子学習院初等科卒業
1948年、京都府立京都第一高等女学校卒業
1961年、受戒得度、中宮寺入寺
1964年、中宮寺住職（門跡）拝命
1972年、仏教大学仏教学科卒業
現　在、中宮寺門跡、茶道中宮寺御流家元、
　　　　華道斑鳩流名誉総裁など。

衆生ほんらい仏なり
二〇一八年一〇月一四日　第一刷発行
著　者　日野西光尊
発行者　澤畑吉和
発行所　株式会社　春秋社
東京都千代田区外神田二―一八―六（〒一〇一―〇〇二一）
電話〇三―三二五五―九六一一　振替〇〇一八〇―六―二四八六一
http://www.shunjusha.co.jp/
印刷所　萩原印刷株式会社
装　丁　本田　進
定価はカバー等に表示してあります
2018©Hinonishi Kōson ISBN978-4-393-13425-2